Karma

La justicia infalible

LAS OBRAS DE
SU DIVINA GRACIA
A.C. BHAKTIVEDANTA SWAMI PRABHUPĀDA

El *Bhagavad-gītā* tal como es
El *Śrīmad-Bhāgavatam*, cantos 1-10
El *Śrī Caitanya-caritāmṛta*
Las enseñanzas del Señor Caitanya
El néctar de la devoción
El *Upadeśāmṛta:* el néctar de la instrucción
Viaje fácil a otros planetas
Meditación y superconciencia
El *Śrī Īśopaniṣad*
Kṛṣṇa, la suprema personalidad de Dios
Kṛṣṇa, la fuente de placer
Las enseñanzas de la reina Kuntī
Las enseñanzas de Kapiladeva, el hijo de Devahūti
Vida y enseñanzas de Śrī Caitanya Mahāprabhu
La ciencia de la autorrealización
Más allá del nacimiento y de la muerte
En el camino a Kṛṣṇa
Rājā-vidya: El rey del conocimiento
Elevándose a la conciencia de Kṛṣṇa
La vida proviene de la vida
La conciencia de Kṛṣṇa: el regalo inigualable
Las enseñanzas trascendentales de Prahlāda Mahārāja
Preguntas perfectas, respuestas perfectas
La perfección del *yoga*
Volver a nacer
Venciendo al destino
Karma, la justicia infalible
Revista «De Vuelta al Supremo» (*fundador*)
Geetār-gān (*bengalí*)

GLORIA A ŚRĪ GURU Y GAURĀṄGA

Karma
La justicia infalible

Su Divina Gracia
A.C. Bhaktivedanta Swami Prabhupāda
Fundador-*Ācārya* de la Sociedad
Internacional para la Conciencia de Krishna

THE BHAKTIVEDANTA BOOK TRUST

Este libro es una selección de conferencias y conversaciones de Su Divina Gracia A.C. Bhaktivedanta Swami Prabhupāda, traducidas al español de los originales en inglés, por Vīrabāhu dāsa Adhikārī (Ing. Marcos Zafarani)

A los lectores interesados en el tema de este libro se les invita a dirigirse personalmente, por e-mail o por carta a los centros consignados en la última página.

www.krishna.com
www.bbt.info

Queda hecho el depósito que marca la ley 11.723

ISBN: 978-987-1386-00-0
43.000 ejemplares

Editorial
Bhaktivedanta Book Trust Argentina
Editor responsable: Murajit das VBD (Sergio Suarez)
Diseño y Diagramación: Govinda Damodara das VBD (Oscar Luco)

Índice

Nota acerca de las palabras sánscritas transliteradas

Las **vocales** se pronuncian aproximadamente como en español, excepto que hay vocales cortas y vocales largas. Estas últimas llevan una raya encima. Las vocales cortas son más breves que en español. Las vocales largas tienen el doble de duración que las vocales cortas, y son como las vocales acentuadas en español. La vocal **ṛ** se pronuncia **ri.**

Las **consonantes** se pronuncian casi todas como en español, con estas excepciones: cuando van seguidas de una **h** (**kh, gh, ch, jh, th, dh, yh, bh**) son aspiradas, es decir, se pronuncian emitiendo con cierta fuerza el aire de la garganta. La **g** se pronuncia como la **g** de **g**oma. La **c** se pronuncia como la **ch** de **ch**ino. La **j** se pronuncia como una **ll** fuerte. La **y** se pronuncia como la **i** de **i**onósfera. La **ll** se pronuncia como la **l** en so**l**. La **ś** y la **ṣ** se pronuncian como una **sh** suave, así como en la palabra **sh**a. La **h** es aspirada.

Introducción

Este libro es una selección de conferencias y conversaciones de Su Divina Gracia A.C. Bhaktivedanta Swami Prabhupāda, en relación a la ley del *karma*, que es uno de los principios básicos del proceso de conciencia de Krishna.

Aunque este proceso era desconocido en Occidente hasta hace unos cuantos años, en realidad no es nuevo. Su origen se remonta a miles de años atrás en la antigua India, la cuna del misticismo y la espiritualidad de la humanidad. Allí, grandes sabios, místicos y personas interesadas en la vida espiritual han podido a través de todas las épocas alcanzar la perfección más elevada al seguir los principios de esta cultura.

Sin promover en el hombre una espiritualidad fanática o barata, este proceso le enseña a conducir una vida ideal, colmada de buenas cualidades espirituales y complementada por un caudal vastísimo de conocimiento filosófico acerca del Absoluto, la renunciación, la vida eterna, etc., lo cual le permite vivir feliz, iluminado y con paz interior. Esto es, por supuesto, muy diferente a la vida que lleva el llamado hombre educado y civilizado, quien se siente muy orgulloso de vivir plagado de ansiedades y deseos ilimitados, cayendo en los hábitos y costumbres más degradados, y sin ningún conocimiento verdadero del propósito y las conquistas de la vida humana. En realidad, una vida carente de espiritualidad genuina es como la de un pez fuera del agua, pues nadie puede ser feliz sin vida espiritual.

Las bases filosóficas del método de conciencia de Krishna se encuentran en las Escrituras llamadas los *Vedas*, que son el conocimiento revelado más antiguo que existe. Estos *Vedas* fueron recopilados hace cinco mil años por el gran sabio Vyāsadeva, la encarnación literaria de Dios, y abarcan todos los aspectos de la vida del hombre y también todas las variedades de conocimiento que éste puede adquirir. Estas enseñanzas descienden mediante el sistema de sucesión discipular que comienza con el Señor Krishna Mismo, y han llegado por primera vez a Occidente a través de esta Sociedad Internacional para la Conciencia de Krishna. Este proceso es muy diferente de los demás sistemas de meditación y *yoga*, en los que falsos mesías han fabricado enseñanzas y técnicas a gusto del consumidor, buscando el dinero y la atención de un público ignorante y fácil de ser engañado.

Este libro es una presentación introductoria de lo que es el sistema de conciencia de Krishna, e invitamos al lector a que continúe su propio sendero, investigando profundamente estas enseñanzas con un criterio amplio. Para ello, puede escribir o visitar el centro Hare Krishna más cercano a su localidad*, conocer allí nuestras demás publicaciones y enterarse de cómo aplicar esta filosofía en su propia vida.

Hare Krishna

* Vea el listado de direcciones en la página 92

1

La autoridad infalible

Poseídos por la ilusión

Este movimiento para la conciencia de Krishna tiene por objeto llevar a todas las entidades vivientes de regreso a su estado de conciencia original. Todas las entidades vivientes que hay en el mundo material padecen de una clase de locura en grados variables. Este movimiento para la conciencia de Krishna aspira a curar al hombre de su enfermedad material y restablecer su estado de conciencia original.

En un poema bengalí, un gran poeta *vaiṣṇava* escribió: "Cuando un hombre está poseído por fantasmas, sólo puede hablar tonterías. De igual manera, todo aquel que se halle bajo la influencia de la naturaleza material debe considerarse que está poseído, y todo lo que hable debe considerarse una tontería". Puede que a uno se lo considere un gran fílósofo o científico, pero si está poseído por el fantasma de *māyā*, la ilusión, todo lo que teorice y todo lo que hable será más o menos absurdo. Una vez se nos dio el ejemplo de un psiquiatra que, cuando se le pidió que examinara a un asesino, declaró que como todos los pacientes que él había tratado estaban más o menos locos, el tribunal, sobre esta base, podía absolver al asesino si así lo deseaba. Lo que se trata de decir es que en el mundo material es muy difícil encontrar a una entidad viviente cuerda, y que toda la atmósfera de locura que impera en este mundo, se debe a la infección de la conciencia material.

Nuestra condición original

El propósito de este movimiento Hare Krishna es llevar al hombre de regreso a su estado de conciencia original, que es conciencia de Krishna o conciencia pura. Cuando el agua cae de las nubes no está contaminada, al igual que el agua destilada; pero tan pronto como toca el suelo, se ensucia y enturbia. De igual manera, somos originalmente almas espirituales puras, partes integrales de Krishna y, por lo tanto, nuestra posición constitucional y original es tan pura como la de Dios. En *El Bhagavad-gītā* (15.7), Śrī Krishna dice:

mamaivāṁśo jīva-loke
jīva-bhūtah sanātanaḥ
manaḥ ṣaṣṭhānīndriyāṇi
prakṛti-sthāni karṣati

"Las entidades vivientes de este mundo condicionado son Mis partes fragmentarias, y son eternas. Pero debido a la vida condicionada, están luchando muy arduamente con sus seis sentidos, entre los que se encuentra la mente".

Así pues, todas las entidades vivientes son partes integrales de Krishna. Al decir Krishna, debe recordarse siempre que estamos hablando de Dios, refiriéndonos por Krishna a la Suprema Personalidad de Dios, el supremamente atractivo. Así como un fragmento de oro es cualitativamente igual a la mina de oro, así mismo las partículas diminutas del cuerpo de Krishna son cualitativamente iguales a Krishna. La composición del cuerpo de Dios y la del cuerpo espiritual eterno de la entidad viviente es la misma: espiritual. De manera que, originalmente, en nuestra condición no contaminada, poseíamos una forma igual a la de Dios, pero así como la lluvia cae al suelo, así mismo nosotros nos ponemos en contacto con este mundo material, que es manipulado por la energía material y externa de Krishna.

La gran máquina

Cuando hablamos de energía externa o naturaleza material, pudiera surgir la pregunta: "¿De quién es la energía? ¿De quién es la naturaleza?". La energía material, o la naturaleza, no actúa independientemente. Un concepto tal es tonto. En *El Bhagavad-gītā* se afirma de manera clara, que la naturaleza material no funciona independientemente. Cuando un tonto ve una máquina, puede que crea que ella funciona automáticamente; pero en realidad no es así: existe un maquinista, alguien que la controla, si bien a veces, debido a nuestra visión defectuosa, no podemos ver al controlador que opera la máquina. Existen muchos mecanismos electrónicos que funcionan de un modo maravilloso, pero detrás de esos intrincados sistemas hay un científico que acciona el comando.

Eso es muy sencillo de entender: puesto que una máquina está hecha de materia, no puede funcionar por sí sola, sino que debe operar bajo una dirección espiritual. Un grabador magnetofónico funciona, pero lo hace de acuerdo con los planes y bajo la dirección de una entidad viviente, un ser humano. La máquina está completa, pero a menos que sea manipulada por un alma espiritual, no puede funcionar. De forma similar, debemos entender que esta manifestación cósmica que llamamos naturaleza es una gran máquina, y que detrás de esta máquina está Dios, Krishna. Esto también se afirma en *El Bhagavad-gītā* (9.10), donde Krishna dice:

mayādhyakṣeṇa prakṛtiḥ
sūyate sa-carācaram
hetunānena kaunteya
jagad viparivartate

"Esta naturaleza material está funcionando bajo Mi dirección, ¡oh, hijo de Kuntī!, produciendo a todos los seres móviles e inmóviles, y por su mandato esta manifestación es creada y aniquilada una y otra vez". Así que, Krishna dice que la naturaleza material está actuando bajo Su dirección. Es decir, detrás de todo lo que existe hay un controlador supremo. La civilización moderna no entiende esto, debido a la falta de conocimiento. Por lo tanto, el propósito de esta Sociedad para la Conciencia de Krishna es iluminar a toda la gente que ha sido enloquecida por la influencia de las tres modalidades de la naturaleza material. En otras palabras, nuestro objetivo es hacer que la humanidad despierte y alcance su condición normal.

Más allá de la tecnología animal

Existen muchas universidades, especialmente en los Estados Unidos, y hay muchos departamentos del conocimiento, pero en ninguno de ellos se estudian estos temas. ¿Dónde está el departamento que trata del conocimiento que encontramos presentado por Śrī Krishna en *El Bhagavad-gītā*? Cuando hablé en el Instituto de Tecnología de Massachusetts ante algunos estudiantes y miembros de la facultad, la primera pregunta que planteé, fue: "¿Dónde está el departamento tecnológico que investiga la diferencia que hay entre un hombre muerto y uno vivo?". Cuando un hombre muere, algo se ha perdido. ¿Dónde está la tecnología que puede reponer lo que se perdió? ¿Por qué los científicos no tratan de resolver este problema? Debido a que se trata de una materia muy difícil, la dejan de lado y se ocupan laboriosamente de la tecnología que trata del comer, dormir, aparearse y protegerse. Pero la literatura védica nos informa que eso es tecnología animal. Los animales también están tratando lo mejor que pueden de comer bien, tener una vida sexual agradable, dormir con tranquilidad y protegerse. ¿Cuál es, entonces, la diferencia entre el conocimiento del hombre y el de los animales? La respuesta es que el conocimiento del hombre debe desarrollarse para explorar esa diferencia entre un cuerpo vivo y uno muerto.

Este conocimiento espiritual fue impartido por Krishna a Arjuna al comienzo de *El Bhagavad-gītā*. Por ser un amigo de Krishna, Arjuna era un hombre muy inteligente; pero su conocimiento, así como el de todos los hombres, era limitado. Krishna, sin embargo, habló acerca de asuntos que estaban más allá del conocimiento finito de Arjuna. Esos asuntos se denominan *adhokṣaja*, pues nuestra percepción directa, por medio de la cual adquirimos conocimiento material, no puede acercarse a ellos. Por ejemplo, tenemos microscopios muy potentes para ver aquello que no podemos ver con nuestra limitada visión; pero no existe ningún microscopio que pueda mostrarnos el alma que está dentro del cuerpo. No obstante, el alma está ahí.

"¿Dónde estoy? ¿Qué soy?"

El Bhagavad-gītā nos informa que en este cuerpo hay un propietario: el alma espiritual. Yo soy el propietario de mi cuerpo, y las demás almas son las propietarias de sus cuerpos. Yo digo "mi mano", pero no digo "yo, la mano". Como es "mi mano", yo soy diferente de la mano, pues soy su propietario. De forma similar, decimos: "mi ojo", "mi pierna", "mi esto o aquello". Entre todos estos objetos que me pertenecen, ¿dónde estoy yo? La búsqueda de la respuesta a esta pregunta constituye el proceso de la meditación. En la verdadera meditación hacemos las preguntas: "¿Dónde estoy? ¿Qué soy yo?". No podemos hallar las respuestas a estas preguntas con ningún esfuerzo material, y por ello todas las universidades están dejando estas preguntas de lado. Ellos dicen: "Es una materia muy difícil". O si no, la ignoran, diciendo: "Carece de importancia".

El maquinista supremo

Los ingenieros dirigen su atención a crear e intentar perfeccionar el carruaje que no utiliza caballos y el pájaro que no tiene alas. Anteriormente, los caballos tiraban los carruajes y no existía la contaminación del aire, pero ahora hay automóviles y cohetes, y los científicos están muy orgullosos de ello. "Hemos inventado carruajes que no necesitan caballos, y pájaros que no requieren alas"—se jactan ellos orgullosamente—. Si bien ellos inventan alas de imitación para el avión o el cohete, no pueden inventar un cuerpo sin alma. Cuando sean verdaderamente capaces de hacer eso, se merecerán todos los honores. Pero un intento tal es seguro que fracasará, ya que sabemos que no existe ninguna máquina que pueda funcionar sin un alma espiritual que la opere. Incluso las más complicadas computadoras requieren de hombres entrenados que las manejen. De igual forma, hemos de saber que esta gran maquinaria conocida como la manifestación cósmica, es manipulada por un espíritu supremo. Ése es Krishna. Los científicos están buscando la causa fundamental o el controlador máximo de este universo material, y para ello están postulando diferentes teorías y proposiciones; pero el verdadero medio para adquirir conocimiento es muy sencillo y perfecto: sólo tenemos que escuchar a la persona perfecta, Krishna. Por aceptar el conocimiento impartido en *El Bhagavad-gītā*, cualquiera podrá entender de inmediato que esta gran máquina cósmica, de la cual la Tierra es una parte, está funcionando tan maravillosamente porque hay un maquinista tras ella: Krishna.

La persona perfecta

Nuestro proceso para adquirir conocimiento es muy sencillo. La instrucción de Krishna en la forma de *El Bhagavad-gītā* constituye el principal libro de conocimiento, y fue dado por el *ādi-puruṣa* Mismo, la Persona Original y Suprema, la Suprema Personalidad de Dios. Él es sin duda la persona perfecta. Se puede argüir que si bien nosotros lo hemos aceptado como una persona perfecta, hay muchas otras personas que no lo aceptan. Pero uno no debe creer que esa aceptación se hace por capricho; a Él se le acepta como la persona perfecta, sobre la base del testimonio presentado por muchas autoridades. Nosotros no aceptamos a Krishna como alguien perfecto basándonos simplemente en nuestros caprichos o sentimientos. No. Krishna es aceptado como Dios por muchas autoridades védicas, tales como Vyāsadeva, el autor de toda la literatura védica. La mina más grande de conocimiento se encuentra en los *Vedas*, y su autor, Vyāsadeva, acepta a Krishna como la Suprema Personalidad de Dios; Brahmā, el maestro espiritual de Nārada, acepta a Krishna no sólo como la Suprema Persona, sino también como el supremo controlador: *īśvaraḥ paramaḥ kṛṣṇaḥ*, "El controlador supremo es Krishna".

Fábrica de dioses

No existe nadie en toda la creación que pueda decir que no está controlado. Todo el mundo, por importante o poderoso que sea, tiene un controlador por encima de él. Krishna, no obstante, no tiene controlador; por lo tanto, Él es Dios. Él es el controlador de todos, pero no hay nadie superior a Él, nadie que lo controle; ni tampoco existe alguien igual a Él, ni alguien que comparta Su plataforma de control absoluto. Esto puede que suene muy extraño, ya que hoy en día hay muchos supuestos dioses. En verdad, los dioses se han vuelto muy baratos y son especialmente importados de la India. La gente de otros países tiene la fortuna de que ahí no se fabrican dioses, pero en la India se fabrican dioses prácticamente todos los días. Con frecuencia escuchamos decir que Dios va ir a Los Ángeles o a Nueva York, y que la gente se reúne para recibirlo, etcétera, etcétera. Pero Krishna no es la clase de Dios que se crea en una fábrica mística. No. Él no fue hecho Dios...Él es Dios.

Aceptando a la autoridad

Hemos de saber, entonces, basados en la autoridad, que operando toda esta gigantesca naturaleza material, la manifestación cósmica, está Dios —Krishna—, y que a Él lo aceptan todas las autoridades védicas. La aceptación de autoridad no es algo nuevo para nosotros; todos aceptamos a alguna autoridad de una u otra forma. Para recibir educación acudimos a un profesor o a un colegio, o simplemente aprendemos de nuestro padre y de nuestra madre. Todos ellos son autoridades y nuestra naturaleza nos lleva a aprender de ellos. En nuestra infancia solíamos preguntar: "Papá, ¿qué es esto?", y papá contestaba: "Una mesa". De esa forma, desde el mismo comienzo de su vida, el niño aprende de su padre y de su madre. Un buen padre y una buena madre nunca mienten cuando su hijo les hace una pregunta; ellos dan información exacta y correcta. De modo similar, si obtenemos información espiritual de labios de una autoridad, y si la autoridad no es engañadora, entonces nuestro conocimiento es perfecto. Pero si intentamos llegar a conclusiones por medio de nuestros propios poderes de especulación, estaremos sujetos a cometer errores. El proceso de inducción, por medio del cual a partir de hechos particulares o casos individuales uno llega a una conclusión general, nunca es un proceso perfecto. Debido a que somos limitados y nuestra experiencia es limitada, el proceso inductivo de adquirir conocimiento siempre permanecerá imperfecto.

La transmisión del conocimiento

Pero si recibimos información de la fuente perfecta, Krishna, y si repetimos esa misma información, entonces lo que hablemos también puede aceptarse como perfecto y autoritativo. Este proceso de *paramparā*, o sucesión discipular, consiste en escuchar a Krishna o a las autoridades que han aceptado a Krishna, y repetir exactamente lo que ellos han dicho. En *El Bhagavad-gītā* (4.2), Krishna recomienda este proceso para adquirir conocimiento: *evaṁ paramparā-prāptam imaṁ rājarṣayo viduḥ*, "Esta ciencia suprema fue así recibida a través de la cadena de sucesión discipular, y los reyes santos la entendieron de esa forma".

En otras épocas, el conocimiento era transmitido por grandes reyes santos que eran las autoridades en ello. En eras anteriores, estos reyes eran *ṛṣis* —grandes eruditos y devotos—, y como no eran hombres ordinarios, el gobierno que encabezaban funcionaba muy bien. En la civilización védica existen muchos ejemplos de reyes que alcanzaron la perfección como devotos de Dios. Por ejemplo, Dhruva Mahārāja fue al bosque en búsqueda de Dios y, mediante la ejecución de severas penitencias y austeridades, encontró a Dios en seis meses.

¿Cómo será su próxima vida?

El proceso de conciencia de Krishna está basado también en la austeridad, pero no es algo difícil. Existen restricciones que regulan el comer y la vida sexual (sólo se come *prasāda*, comida ofrecida primero a Krishna, y la vida sexual queda limitada a la vida matrimonial), y hay otras regulaciones que facilitan y fomentan la iluminación espiritual. En estos días no es posible imitar a Dhruva Mahārāja, pero por seguir ciertos principios védicos básicos, podemos avanzar en el desarrollo de la conciencia espiritual o conciencia de Krishna.

A medida que avanzamos, vamos perfeccionando nuestro conocimiento. ¿De qué sirve que uno se convierta en científico o filósofo, si no puede decir cómo será su próxima vida? Un estudiante iluminado con conciencia de Krishna puede decir muy fácilmente cómo será su próxima vida, cómo es Dios, qué es la entidad viviente, y cuál es su relación con Dios. Su conocimiento es perfecto, ya que proviene de libros perfectos de conocimiento, tales como *El Bhagavad-gītā* y *El Śrīmad-Bhāgavatam*.

Comprendiendo a Krishna

Éste es, pues, el proceso de cultivo de conciencia de Krishna. Es muy sencillo y cualquiera puede adoptarlo y volver su vida perfecta. Si alguien dijera, "no tengo educación alguna y no sé leer", aún así no estaría incapacitado. Pese a ello, podría perfeccionar su vida con tan solo cantar el *mahā-mantra*: Hare Krishna, Hare Krishna, Krishna Krishna, Hare Hare/ Hare Rāma, Hare Rāma, Rāma Rāma, Hare Hare. Krishna nos ha dado una lengua y dos oídos, y quizás nos sorprendamos al saber que Krishna se revela a través de los oídos y de la lengua, y no a través de los ojos. Al escuchar Su mensaje aprendemos a controlar la lengua, y una vez que la lengua está controlada, los otros sentidos la siguen. De todos los sentidos, el del gusto es el más voraz y difícil de controlar, pero puede ser controlado simplemente por cantar Hare Krishna y por saborear *prasāda* de Krishna, comida ofrecida a Krishna.

No podemos comprender a Krishna por medio de la percepción de los sentidos ni por medio de la especulación. Eso no es posible, pues Krishna es tan grandioso, que está más allá del alcance de nuestros sentidos. Pero a Él se le puede entender por medio de la entrega. Krishna, por consiguiente, recomienda este proceso:

sarva-dharmān parityajya
māṁ ekaṁ śaraṇaṁ vraja
ahaṁ tvāṁ sarva-pāpebhyo
mokṣayiṣyāmi mā śucaḥ

"Abandona toda clase de religiosidades y tan sólo entrégate a Mí; a cambio, Yo te protegeré de todas las reacciones de tus pecados. Por lo tanto, no tienes nada que temer" (*Bg.* 18.66).

Krishna, la autoridad infalible

Desafortunadamente, nuestra enfermedad consiste en que somos rebeldes: automáticamente nos oponemos a la autoridad. Pero a pesar de que decimos que no queremos autoridad, la naturaleza es tan fuerte, que impone su autoridad sobre nosotros. Estamos forzados a aceptar la autoridad de la naturaleza. ¿Acaso hay algo más patético que un hombre que proclama que no le rinde cuentas a ninguna autoridad, pero que sigue a sus sentidos ciegamente, adondequiera que éstos lo conducen? Nuestra falsa pretensión de independencia es sencillamente un disparate. Todos estamos bajo la orden de una autoridad y aún así decimos que no queremos autoridad. Eso se denomina *māyā*, ilusión. Tenemos, sin embargo, una cierta independencia: podemos elegir entre estar bajo la autoridad de nuestros sentidos o estar bajo la autoridad de Krishna. La mejor y máxima autoridad es Krishna, pues Él es nuestro eterno bienqueriente y siempre habla para provecho nuestro. Ya que tenemos que aceptar a alguna autoridad, ¿por qué no aceptar la de Él? Simplemente por escuchar hablar de Sus glorias, presentadas en *El Bhagavad-gītā* y *El Śrīmad-Bhāgavatam*, y por cantar Sus nombres —Hare Krishna—, podemos perfeccionar nuestras vidas rápidamente.

2
El testigo infalible

El tema que vamos a tratar es de lo más sublime: la glorificación del santo nombre de Dios. Esto lo discutieron Mahārāja Parīkṣit y Śukadeva Goswami, en relación a un *brāhmaṇa* que estaba muy caído, adicto a toda clase de actividades pecaminosas, pero que fue salvado simplemente por cantar el santo nombre. Este relato se encuentra en el Sexto Canto de *El Śrīmad-Bhāgavatam*.

La distancia al infierno

Los sistemas planetarios del universo se encuentran muy bien descritos en el Quinto Canto de *El Śrīmad-Bhāgavatam*. Dentro del universo hay unos planetas que son infernales. En verdad, no sólo el *Bhāgavatam*, sino todas las Escrituras religiosas contienen descripciones del infierno y del cielo. En *El Śrīmad-Bhāgavatam* se indica dónde se encuentran esos planetas infernales y a qué distancia están de este planeta, de la misma manera en que uno puede recibir información de la astronomía moderna. Los astrónomos han calculado la distancia que hay de aquí a la Luna y cuál es la distancia que hay entre este planeta y el Sol; de forma similar, el *Bhāgavatam* contiene descripciones de los planetas infernales.

En este mismo planeta experimentamos diferentes condiciones atmosféricas. En los países occidentales cercanos al Polo Norte, el clima es diferente al de la India, que se encuentra cerca del ecuador. Así como hay diferencias de atmósfera y condiciones de vida en este planeta, así mismo existen muchos planetas que tienen diferentes atmósferas y condiciones de vida.

Jesucristo: un vaiṣṇava

Después de escuchar la descripción que Śukadeva Goswami dio de los planetas infernales, Parīkṣit Mahārāja dijo:

adhuneha mahā-bhāga
yathaiva narakān naraḥ
nānogra-yātanān neyāt
tan me vyākhyātum arhasi

"Señor, lo he escuchado a usted hablar acerca de los planetas infernales. Los hombres muy pecadores son enviados a esos planetas" (*Bhāg.* 6.1.6). Parīkṣit Mahārāja es un *vaiṣṇava* (devoto), y el *vaiṣṇava* siempre siente compasión por la aflicción de sus semejantes. Él se aflige mucho por los sufrimientos de los demás. Cuando el Señor Jesucristo apareció, por ejemplo, estaba sumamente afligido por las condiciones de sufrimiento en que se encontraba la gente. Todos los *vaiṣṇavas*, o devotos —cualesquiera personas conscientes de Dios, o conscientes de Krishna—, son así de compasivos, sea cual sea el país o la secta a la que pertenezcan. Por lo tanto, blasfemar a un *vaiṣṇava*, a un predicador de las glorias de Dios, es una gran ofensa.

Krishna, Dios, nunca tolera las ofensas que se hacen a los pies de loto de un *vaiṣṇava*. *Kṛpāmbudhi:* un *vaiṣṇava* es un océano de misericordia. *Vāñchā-kalpa-taru:* todo el mundo tiene deseos, pero un *vaiṣṇava* puede complacerlos todos. *Kalpa-taru* significa "árbol de los deseos". Existe un árbol en el mundo espiritual, que se denomina "árbol de los deseos". En este mundo material, uno puede obtener sólo una fruta en particular de un tipo de árbol en particular; pero en Kṛṣṇaloka, así como en todos los planetas Vaikuṇṭha, todos los árboles son espirituales y complacerán todos los deseos de uno. Eso se describe en *El Brahma-saṁhitā: cintāmaṇi-prakara-sadmasu kalpa-vṛkṣa.*

El afortunado y los desafortunados

El *vaiṣṇava* recibe le nombre de *mahā-bhāga*, que significa "afortunado". El que se vuelve *vaiṣṇava* y está consciente de Dios, se entiende que es sumamente afortunado.

Caitanya Mahāprabhu ha explicado que las entidades vivientes se encuentran rotando en diferentes especies de vida, por diferentes sistemas planetarios en todas partes del universo. La entidad viviente puede ir a cualquier parte —al infierno o al cielo—, como guste y conforme a como se prepare. Hay muchos planetas celestiales, muchos planetas infernales y muchas especies de vida. Existen 8.400.000 especies de vida. La entidad viviente está rotando, errando a través de esas especies, y creando cuerpos conforme a la mentalidad que posee en la vida actual. "Lo que siembres, cosecharás".

Caitanya Mahāprabhu dice que de entre todas esas innumerables entidades vivientes que se encuentran viajando por el mundo material, una es afortunada, no todas. Si todas fueran afortunadas, todas habrían emprendido el cultivo de conciencia de Krishna. Está siendo distribuido libremente en todas partes. Pero, ¿porqué la gente no lo acepta? Porque es desafortunada. Por eso, Caitanya Mahāprabhu dice que sólo los que son afortunados emprenden este proceso de conciencia de Krishna y reciben una vida llena de esperanzas, una vida agradable, una vida dichosa, una vida de conocimiento.

Es deber del *vaiṣṇava* ir de puerta en puerta para hacer que la gente desafortunada se vuelva afortunada. El *vaiṣṇava* piensa: "¿Cómo puede esta gente ser salvada de su vida infernal?". Esa fue la pregunta de Parīkṣit Mahārāja. "Señor —dijo él—, tú has descrito que debido a las actividades pecaminosas propias, uno es puesto en una condición infernal de vida o en un sistema planetario infernal. Ahora bien, ¿cuáles son los métodos para contrarrestar eso, mediante los cuales dichas personas pueden ser salvadas?". Ésa es la pregunta. Cuando el *vaiṣṇava* viene, cuando Dios mismo viene, o cuando el hijo de Dios o Sus muy íntimos devotos vienen, su única misión consiste en salvar a los pecadores que están sufriendo. Ellos saben cómo hacerlo.

La ansiedad del devoto

Cuando Prahlāda Mahārāja se encontró con el Señor Nṛsiṁhadeva, le dijo:

naivodvije para duratyaya-vaitaraṇyās
tvad-vīrya-gāyana-mahāmṛta-magna-cittaḥ
śoce tato vimukha-cetasa indriyārtha-
māyā-sukhāya bharam udvahato vimūḍhān

"Mi querido Señor —dice Prahlāda—, yo no estoy muy ansioso por lograr mi propia liberación" (*Bhāg.* 7.9.43). Los filósofos *māyāvādīs* cuidan mucho que su salvación personal no sea interrumpida. Ellos piensan: "Si voy a predicar y así asociarme con otras personas, puede que caiga y que toda mi iluminación desaparezca". Por lo tanto, ellos no vienen. Sólo los *vaiṣṇavas* vienen, a riesgo de caer... pero no caen. Puede que ellos vayan incluso al infierno a liberar a las almas condicionadas. Ésa es la misión de Prahlāda Mahārāja. Él dice: *naivodvije*, "A mí no me preocupa mucho tener que vivir en este mundo material".

Prahlāda Mahārāja dice además: "Yo no me angustio por mí, pues de una u otra forma he sido entrenado para estar siempre consciente de Krishna". Como él está consciente de Krishna, tiene confianza en que en su siguiente vida irá a Krishna. Se declara en *El Bhagavad-gītā* que si uno ejecuta cuidadosamente los principios regulativos del cultivo de conciencia de Krishna, es seguro que alcanzará el destino supremo en su siguiente vida.

Prahlāda Mahārāja continúa diciendo: "Para mí, sólo hay una fuente de ansiedad". Fíjense, a pesar de que no tenía ninguna ansiedad en cuanto a él mismo, aún así tenía ansiedades. Él dice: *śoce tato vimukha-cetasaḥ*, "Me angustio por aquellas personas que no están conscientes de Krishna. Ésa es mi ansiedad. En lo que a mí se refiere, no tengo ansiedades, pero estoy pensando en aquellos que no están conscientes de Krishna". ¿Por qué no están conscientes de Krishna? *Māyā-sukhāya bharam udvahato vimūḍhān*. Esos sinvergüenzas han creado una civilización engañosa en pos de una felicidad temporal .

Una civilización engañosa

Māyā-sukhāya. En verdad, eso es un hecho. Tenemos una civilización engañosa. Todos los años se fabrican muchísimos autos, y con ese propósito tienen que excavarse y prepararse muchísimas carreteras. Eso crea problema tras problema. Por eso es *māyā-sukhāya*, felicidad ilusoria y, no obstante, estamos tratando de ser felices de esa manera. Estamos tratando de fabricar alguna manera de ser felices, pero esto sólo crea otros problemas adicionales.

Ustedes tienen en su país el mayor número de automóviles, pero eso no resuelve ningún problema. Ustedes han fabricado automóviles para ayudar a resolver los problemas de la vida, pero he experimentado que esto también crea más problemas. Cuando mi discípulo Dayānanda quiso llevarme a un médico en Los Ángeles, tuve que tomarme la molestia de viajar cincuenta kilómetros antes de que pudiera siquiera consultar al médico.

Una vez creados los automóviles, uno debe viajar cincuenta o sesenta kilómetros para reunirse con los amigos.

Uno puede volar de Nueva York a Boston en una hora, pero lleva más que eso sólo llegar al aeropuerto. Esta situación se denomina *māyā-sukhāya*. *Māyā* significa "falso", "ilusorio".

Estamos tratando de crear una situación muy cómoda, pero hemos creado otra situación incómoda. Así funciona el mundo material; si no nos sentimos satisfechos con las comodidades naturales ofrecidas por Dios y la naturaleza y queremos crear comodidades artificiales, entonces tenemos que crear también alguna incomodidad. La mayoría de la gente no sabe eso. La mayoría de la gente cree que está creando una situación muy cómoda, pero en realidad está viajando ochenta kilómetros para ir a la oficina a ganarse la vida, y ochenta kilómetros para regresar. Debido a esas condiciones, Prahlāda Mahārāja dice que esos *vimūḍhas* —esas personas materialistas, esos sinvergüenzas— han creado una innecesaria carga sobre sí, únicamente para conseguir felicidad temporal. *Vimūḍhān, māyā-sukhāya bharam udvahato*. Por lo tanto, en la civilización védica se recomienda que uno se libere de la vida material, adopte *sannyāsa*, la orden de vida de renuncia, y prosiga la vida espiritual sin ninguna angustia en absoluto.

El arte de estar a salvo

Si uno puede cultivar conciencia de Krishna dentro de la vida familiar, eso está muy bien. Bhaktivinoda Ṭhākura era un hombre con familia, un magistrado, y aún así ejecutó servicio devocional muy bien. Dhruva Mahārāja y Prahlāda Mahārāja eran *gṛhasthas*, casados, pero se entrenaron de una manera tal, que incluso como casados no enfrentaron ninguna interrupción en su servicio. Por lo tanto, Prahlāda Mahārāja dice: "Yo he aprendido el arte de permanecer siempre consciente de Krishna". ¿Cuál es ese arte? *Tvad-vīrya- gāyana-mahāmṛta-magna-cittaḥ*. El de simplemente glorificar las victoriosas actividades y pasatiempos del Señor. *Vīrya* significa "muy heroico".

Las actividades de Krishna son heroicas. Ustedes pueden leer acerca de ellas en el libro *Krishna, la Suprema Personalidad de Dios*. El nombre de Krishna, Su fama, Sus actividades, Sus asociados, y todas las demás cosas relacionadas con Él, son heroicas. Prahlāda Mahārāja dice en relación con esto: "Yo estoy seguro de que adondequiera que vaya, puedo glorificar Tus actividades heroicas y estar a salvo. No hay ninguna posibilidad de que caiga. Pero, estoy simplemente angustiado por esas personas que han creado un tipo de civilización en la que siempre están dedicadas a trabajar arduamente. Estoy pensando en ellas".

Trabajando duro para nada

Prahlāda dice además:

prāyeṇa deva munayaḥ sva-vimukti-kāmā
maunaṁ caranti vijane na parārtha-niṣṭhāḥ
naitān vihāya kṛaṇān vimumukṣa eko
nānyaṁ tvad asya śaraṇaṁ bhramato ´nupaśye

"Mi querido Señor, hay muchos sabios y personas santas que están muy interesados en su propia liberación" (*Bhāg.* 7.9.44).

Munayaḥ significa "personas santas" o "filósofos". *Prāyeṇa deva munayaḥ sva-vimukti-kāmāḥ:* ellos están muy interesados en su propia liberación. Ellos tratan de vivir en lugares solitarios, tales como las montañas Himalaya, no le hablan a nadie y siempre temen mezclarse con la gente ordinaria de la ciudad y llegar a perturbarse o quizás, incluso, a caer. Ellos piensan: "Mejor me salvo yo".

Prahlāda Mahārāja lamenta que esas grandes personas santas no vayan a la ciudad, donde la gente ha construido una civilización en la que se trabaja arduamente todo el día y toda la noche. Esos santos no son muy compasivos. Él dice: "Estoy angustiado por toda esa gente caída que innecesariamente está trabajando muy duro, sólo en pos de la complacencia de los sentidos".

Incluso si hubiera alguna razón para trabajar tan arduamente, esa gente no la conoce. Todo lo que conocen es la vida sexual. O bien van a un espectáculo de nudismo, o a un club nudista, o a esto o aquello. Prahlāda Mahārāja dice: *naitān vihāya kṛpaṇān vimumukṣa ekaḥ*, "Mi Señor, yo solo no necesito la salvación. A menos que me lleve a todos estos sinvergüenzas conmigo, no habré de ir". Él rehúsa ir al reino de Dios sin llevarse consigo a todas esas almas caídas. Así es el *vaiṣṇava*. *Nānyaṁ tvad asya śaraṇaṁ bhramato 'nupaśye:* "Yo únicamente quiero enseñarles a entregarse a Ti. Eso es todo. Ésa es mi meta".

Pensando siempre en los demás

El *vaiṣṇava* sabe que tan pronto como uno se entrega, su sendero queda abierto. *Naivodvije para duratyaya-vaitaraṇyās tvad-vīrya- gāyana-mahāmṛta-magna-cittaḥ:* "De una u otra forma, que se postren ante Krishna". Ése es un método sencillo. Todo lo que uno tiene que hacer es postrarse ante Krishna con fe y decir: "Mi Señor Krishna, yo me olvidé de Ti por mucho tiempo, por muchísimas vidas. Ahora he recobrado el conocimiento; por favor, acéptame". Eso es todo. Si uno simplemente aprende esa técnica y se entrega sinceramente al Señor, su sendero queda inmediatamente abierto. Ésos son los pensamientos filosóficos del *vaiṣṇava*. El *vaiṣṇava* está pensando siempre de qué manera las caídas almas condicionadas pueden ser liberadas. Él siempre está ocupado en la elaboración de planes de ese tipo, tal como los Goswamis. ¿Cuál era la misión de los seis Goswamis de Vṛndāvana, los discípulos directos del Señor Caitanya ? Eso lo declara Śrīnivāsa Ācārya:

nānā-śāstra-vicāraṇaika-nipuṇau sad-dharma-saṁsthāpakau
lokānāṁ hita-kāriṇau tribhuvane mānyau śaraṇyākarau
rādhā-kṛṣṇa-padāravinda-bhajanānandena mattālikau
vande rūpa-sanātanau raghu-yugau śrī-jīva-gopālakau

"Los seis Goswamis, es decir, Śrī Sanātana Goswami, Śrī Rūpa Goswami, Śrī Raghunātha Bhaṭṭa Goswami, Śrī Raghunātha dāsa Goswami, Śrī Jīva Goswami y Śrī Gopāla Bhaṭṭa Goswami, son muy expertos en estudiar minuciosamente las Escrituras reveladas, con el propósito de establecer los principios religiosos eternos en beneficio de todos los seres humanos. Ellos están siempre absortos en el humor de las *gopīs*, y están dedicados al amoroso y trascendental servicio de Rādhā y Krishna" (*El ṣaḍ-gosvāmi-aṣṭaka* 2).

Un sufrimiento atroz

Con compasión *vaiṣṇava* similar a ésa, Parīkṣit Mahārāja le dice a Śukadeva Goswami: "Tú has descrito los diferentes tipos de condiciones infernales de vida. Ahora dime cómo pueden ser liberados aquellos que sufren. Por favor, ten la bondad de explicarme eso".

adhuneha mahā-bhāga
yathaiva narakān naraḥ
nānogra-yātanān neyāt
tan me vyākhyātum arhasi
(*Bhāg.* 6.1.6)

Nara significa seres humanos, aquellos que están caídos. *Narakān naraḥ/ nānogra-yātanān neyāt tan me:* "¿Cómo pueden ellos ser liberados de los atroces sufrimientos y horribles dolores?". Así es el corazón *vaiṣṇava*. Mahārāja Parīkṣit dice: "De una u otra forma ellos han caído a esta vida infernal. Pero eso no significa que ellos deban permanecer en esa condición. Debe de haber algún medio por el cual ellos puedan ser liberados. Así que, por favor, ten la bondad de explicarlo".

Śukadeva Goswami respondió (*Bhāg.* 6.1.7):

na ced ihaivāpacitiṁ yathāṁhasaḥ
kṛtasya kuryān mana-ukta-pāṇibhiḥ
dhruvaṁ sa vai pretya narakān upaiti
ye kīrtitā me bhavatas tigma-yātanāḥ

"Sí, ya he descrito los diferentes tipos de condiciones infernales y la vida muy dolorosa y severa, pero uno tiene que contrarrestarla". ¿Cómo puede hacerse eso? Las actividades pecaminosas se cometen de diversas maneras. Podemos cometer una actividad pecaminosa, o planear cometerla, al pensar: "Mataré a ese hombre". De cualquier manera, es pecaminoso. Cuando la mente piensa, siente y desea, aparece entonces la acción.

Ofender es pecado

El otro día estaba leyendo en un libro que si el perro de una persona le ladra a otra que pasa por la calle, según la ley eso es una ofensa de parte del dueño del perro. Nadie debe ser asustado por el ladrido de perros, así que uno debe ocuparse de su perro. Yo leí eso. Es una ley de su país. El perro únicamente está ladrando, pero eso es pecaminoso. El perro no es responsable, porque es un animal, pero debido a que el dueño del animal ha vuelto al perro su mejor amigo, él es responsable ante la ley. Si un perro ajeno entra en su casa, no puede ser matado, pero los dueños del perro pueden ser enjuiciados.

Así como el ladrido del perro es ilegal, así mismo cuando uno le dice algo ofensivo a otras personas, eso es también pecaminoso. Eso es igual que ladrar. Por lo tanto, las actividades pecaminosas se cometen de muchísimas maneras. Bien sea que pensemos en actividades pecaminosas, o que hablemos algo pecaminoso, o que de hecho cometamos una actividad pecaminosa, todo ello se considera actividad pecaminosa. *Dhruvaṁ sa vai pretya narakān upaiti*. Uno tiene que sufrir un castigo por esas actividades pecaminosas.

Krishna, el testigo infalible

La gente no cree en la siguiente vida, porque quiere evitar esa molestia. Pero no podemos evitarla. Debemos actuar conforme a la ley o seremos castigados. De forma similar, yo no puedo evadir la ley de Dios. Eso no es posible. Yo puedo engañar a los demás, hurtar y esconderme, salvándome así del castigo de la ley del Estado, pero no puedo salvarme de la ley superior, la ley de la naturaleza. Es muy difícil. Hay muchísimos testigos. La luz del día es testigo, la luz de la Luna es testigo, y Krishna es el testigo supremo. Uno no puede decir: "Estoy cometiendo este pecado, pero nadie puede verme".

Krishna es el testigo supremo y se encuentra situado en el corazón de uno. Él sabe lo que uno piensa y lo que uno hace. Él también da la facilidad para hacer algo. Si uno quiere hacer algo para satisfacer sus sentidos, Krishna da la facilidad para esa acción. Eso se declara en *El Bhagavad-gītā*. *Sarvasya cāhaṁ hṛdi sanniviṣṭo:* "Yo estoy situado en el corazón de todo el mundo". *Mattaḥ smṛtir jñānam apohanaṁ ca:* "De Mí provienen el recuerdo, el conocimiento y el olvido".

Está en nuestras manos

De esa forma, Krishna nos da una oportunidad. Si uno quiere a Krishna, entonces Él le dará la oportunidad de tenerlo, y si uno no quiere a Krishna, entonces Él le dará la oportunidad de olvidarlo. Si uno quiere disfrutar de la vida olvidando a Krishna, olvidando a Dios, entonces Krishna le dará toda la facilidad necesaria para poder olvidar, y si uno quiere disfrutar de la vida con conciencia de Krishna, entonces Krishna le dará la oportunidad de progresar en el cultivo de conciencia de Krishna. Eso queda en manos de uno.

Si uno piensa que puede ser feliz sin conciencia de Krishna, Krishna no se opone a ello. *Yathecchasi tathā kuru*. Después de aconsejar a Arjuna, Él simplemente dijo: "Ahora te he explicado todo. Puedes hacer lo que desees". Arjuna respondió de inmediato: *kariṣye vacanaṁ tava*, "Ahora ejecutaré Tu orden". Eso es conciencia de Krishna .

Dios no interfiere en nuestra pequeña independencia. Si uno quiere actuar de acuerdo con la orden de Dios, entonces Dios lo ayudará a hacerlo. Incluso si uno a veces cae, no obstante, si se vuelve sincero —"Desde ahora en adelante he de permanecer consciente de Krishna y ejecutar Sus órdenes"—, entonces Krishna lo ayudará a ello. En todos los aspectos, incluso si uno cae, Él lo excusará y le dará más inteligencia. Esa inteligencia dirá: "No hagas eso. Ahora continúa con tu deber". Pero si uno quiere olvidar a Krishna, si uno quiere ser feliz sin Krishna, Él le dará tantas oportunidades, que uno se olvidará de Krishna vida tras vida.

La filosofía del conejo

Parīkṣit Mahārāja dice aquí: "No porque yo diga que no hay Dios, entonces no habrá Dios o yo no seré responsable de lo que haga". Ésa es la teoría de los ateos. Los ateos no quieren a Dios debido a que siempre están pecando; si ellos pensaran que hay Dios, entonces se verían forzados a estremecerse ante el pensamiento del castigo. En consecuencia, ellos niegan la existencia de Dios. Ése es su proceso. Ellos creen que si no aceptan a Dios, no hay entonces castigo y pueden hacer lo que gusten.

Cuando los conejos son atacados por animales más grandes, cierran sus ojos y piensan: "No voy a ser matado". Pero de todas formas son matados. De igual manera, puede que neguemos la existencia de Dios y la ley de Dios, pero, aún así, Dios y Su ley están ahí. En la corte superior puede que uno diga: "No me importa la ley del gobierno", pero uno será forzado a aceptar la ley del gobierno. Si uno niega la ley estatal, será encarcelado y se le hará sufrir. De forma similar, puede que uno censure neciamente la existencia de Dios —"No hay Dios", "Yo soy Dios"—, pero a pesar de ello, uno es responsable de todas sus acciones, tanto buenas como malas.

¿Una aspirina o una operación?

Existen dos clases de actividades: las buenas y las malas. Si uno actúa bien y ejecuta actividades piadosas, entonces recibe buena fortuna, y si actúa pecaminosamente, tendrá entonces que sufrir. Por lo tanto, Śukadeva Goswami dice:

tasmāt puraivāśv iha pāpa-niṣkṛtau
yateta mṛtyor avipadyatātmanā
doṣasya dṛṣṭvā guru-lāghavaṁ yathā
bhiṣak cikitseta rujāṁ nidānavit
(*Bhāg.* 6.1.8)

Hay diferentes clases de expiación. Si uno comete algún pecado y lo contrarresta mediante otra cosa, eso constituye la expiación. Hay ejemplos de esto en la Biblia cristiana. Śukadeva Goswami dice: "Debes saber que eres responsable, y según la gravedad de los pecados cometidos, debes aceptar algún tipo de expiación, tal como se describe en los *śāstras*, las Escrituras".

En realidad, así como cuando uno se enferma debe ir al médico y pagarle sus honorarios como una forma de expiación, según el estilo de vida védico hay una clase de *brāhmaṇas* a la que uno debe acudir en busca de la expiación prescrita, según los pecados cometidos.

Śukadeva Goswami dice que uno tiene que ejecutar la expiación prescrita conforme a la gravedad de los pecados. Él continúa el ejemplo, diciendo: *doṣasya dṛṣṭvā guru-lāghavaṁ yathā bhiṣak cikitseta rujāṁ nidānavit.* Cuando uno consulta a un médico, éste prescribe una medicina barata o una medicina costosa según la gravedad de la enfermedad. Si uno simplemente tiene un dolor de cabeza, puede que prescriba una aspirina, pero si uno tiene algo muy severo, de inmediato prescribe una operación quirúrgica que habrá de costar miles de dólares. De igual manera, la vida pecaminosa es una condición enferma, así que uno debe seguir la cura prescrita para recobrar la salud.

Ni nacemos, ni morimos

La aceptación de la cadena de nacimiento y muerte es una condición enferma del alma. El alma no tiene nacimiento ni muerte, ni ninguna enfermedad, debido a que es espíritu. Krishna dice en *El Bhagavad-gītā* (2.20): *na jāyate*, el alma no nace, y *mriyate*, no muere. *Nityaḥ śāśvato ´yaṁ purāṇo/ na hanyate hanyamāne śarīre.* El alma es eterna y perpetua. No se pierde con la disolución del cuerpo. *Na hanyate hanyamāne śarīre. Na hanyate* significa que no es matada ni destruida, ni siquiera después de la destrucción de este cuerpo.

Lo que falla en la civilización moderna es que no hay ningún sistema educativo para instruir a la gente en lo referente a lo que ocurre después de la muerte. Así pues, tenemos la educación más defectuosa de todas, debido a que sin conocer lo que ocurre después de la muerte, uno muere como un animal. El animal no sabe que va a tener otro cuerpo. Él no tiene ese conocimiento.

La vida humana no tiene por objeto volverse un animal. Uno no debe estar únicamente interesado en comer, dormir, tener vida sexual y defenderse. Puede que uno tenga muy buenas facilidades para comer, o muchos buenos edificios para dormir, o muy buenas facilidades para la vida sexual, o muy buena fuerza defensiva para protegerse, pero eso no significa que se es un ser humano. Ese tipo de civilización constituye una vida animal. Los animales también están interesados en comer, dormir y tener vida sexual, y ellos también se defienden de acuerdo a sus propios métodos. Entonces, ¿qué diferencia hay entre la vida humana y la vida animal, si uno solamente se dedica a esos cuatro principios de naturaleza corporal?

La diferencia

La diferencia aparece cuando un ser humano se vuelve indagador:

"¿Por qué he sido puesto en esta condición desoladora? ¿Existe algún remedio para ello? ¿Existe alguna vida eterna y perpetua? Yo no quiero morir. Yo quiero vivir muy feliz y pacíficamente. ¿Hay alguna oportunidad? ¿Cuál es ese método? ¿Cuál es esa ciencia?". Cuando estas preguntas se presentan y se toman medidas para responderlas, eso es civilización humana; de lo contrario, es civilización perruna, civilización animal.

Los animales se sienten satisfechos si pueden comer, dormir, tener algo de vida sexual y defenderse un poco. En realidad, no existe defensa, debido a que nadie puede protegerse de las manos de la muerte cruel. Hiraṇyakaśipu, por ejemplo, quiso vivir para siempre y por eso se sometió a austeridades severas. Ahora, supuestos científicos están diciendo que habremos de detener la muerte mediante métodos científicos. Esa también es una declaración demente. Eso no es posible. Puede que uno progrese mucho en cuanto al conocimiento científico, pero no existe ninguna solución científica a estos cuatro problemas: nacimiento, muerte, vejez y enfermedades.

Aquel que es inteligente, está ansioso de resolver esos cuatro problemas fundamentales. Nadie quiere morir, pero no hay más remedio. Tengo que morir. Todo el mundo está muy ansioso de detener el aumento de población, mediante el empleo de muchísimos métodos anticonceptivos, pero aún así, el nacimiento continúa. Así que no hay detención del nacimiento. Puede que uno invente medicinas modernas mediante métodos científicos, pero no puede detener las enfermedades. No es posible tomar sólo una tableta y ponerle fin a las enfermedades.

La solución

En *El Bhagavad-gītā* se dice: *janma-mṛtyu-jarā-vyādhi-duḥkha-doṣānudarśanam*, uno pudiera pensar que ha resuelto todos los problemas de su vida, pero ¿cuál es la solución a esos cuatro problemas: el nacimiento, la muerte, la vejez y las enfermedades?

Esa solución es el cultivo de conciencia de Krishna.

En el mismo libro, Krishna también dice:

janma karma ca me divyam
evaṁ yo vetti tattvataḥ
tyaktvā dehaṁ punar janma
naiti mām eti so ´rjuna
(*Bg.* 4.9)

Cada uno de nosotros está abandonando su cuerpo gradualmente. La última fase del abandono de este cuerpo se denomina muerte. Pero Krishna dice: "Si alguien entiende Mi aparición y desaparición y Mis actividades —no superficialmente, sino en verdad—, después de abandonar este cuerpo, nunca más volverá a aceptar un cuerpo material".

¿Qué le ocurre a esa persona? *Mām eti:* regresa a Krishna. Si uno ha de ir a Krishna, entonces tiene que preparar su cuerpo espiritual. Eso es conciencia de Krishna. Si uno se mantiene consciente de Krishna, entonces gradualmente está preparando su siguiente cuerpo, un cuerpo espiritual, el cual habrá de llevarlo de inmediato a Krishnaloka, la morada de Krishna, y así se volverá feliz.

Uno vivirá ahí perpetua y dichosamente.

3

Karma, la ley de la naturaleza

Leyes perfectas

Para contrarrestar la actividad pecaminosa, se requiere de una expiación proporcional a ella. Eso es lo que prescriben las Escrituras. Śukadeva Goswami dice que si uno ejecuta la expiación antes de la muerte, en su siguiente vida no caerá. Pero, si uno no expía sus actividades pecaminosas, llevará consigo las reacciones resultantes de ellas y tendrá de sufrir. Según la ley, si un hombre mata a alguien, él mismo tiene que ser matado. La idea de "ojo por ojo, diente por diente" no es un concepto muy nuevo, y lo hallamos en *El Manu-saṁhitā*, el código védico de leyes para la humanidad. En él se dice que cuando el rey cuelga al asesino, éste de hecho se beneficia, pues si no es matado, llevará consigo la reacción de su asesinato y tendrá que sufrir de muchísimas maneras.

Las leyes de la naturaleza son muy sutiles y son administradas muy diligentemente, si bien la gente no lo sabe. En *El Manu-saṁhitā* se sanciona el concepto de "ojo por ojo, diente por diente", que, en efecto, es observado en todas partes del mundo. De forma similar, existen otras leyes que dictaminan que uno no puede matar ni siquiera a una hormiga sin ser responsabilizado por ello.

Como no podemos crear vida, no tenemos el derecho de matar a ninguna entidad viviente y , por consiguiente, las leyes hechas por el hombre, que distinguen entre matar a un hombre y matar a un animal, son imperfectas. Pese a que en las leyes hechas por el hombre hay imperfecciones, no puede haber defectos en las leyes de Dios. Según las leyes de Dios, matar a un animal es un hecho tan punible como matar a un hombre. Aquellos que hacen distinciones entre esos dos hechos, están inventando sus propias leyes. Incluso en los Diez Mandamientos se prescribe: "No matarás". Ésa es una ley perfecta, pero al especular y hacer discriminaciones, los hombres la desvirtúan. "No mataré al hombre, pero sí a los animales". De esa forma, la gente se engaña, se inflige sufrimientos a sí misma y se los inflige a los demás. De cualquier modo, sin embrago, las leyes de Dios no disculparán ese comportamiento.

El hijo tonto

Todo el mundo es una criatura de Dios, aunque con diferentes cuerpos o atuendos. A Dios se le considera el único y supremo padre. Puede que un padre tenga muchos hijos, que algunos de ellos sean inteligentes y que otros no lo sean tanto, pero si uno de los hijos inteligentes le dice a su padre: "Mi hermano no es muy inteligente; déjame matarlo", ¿accederá el padre a ello? El simple hecho de que un hijo no sea muy inteligente y el otro desee matarlo para evitar la carga, nunca será razón para que el padre lo apruebe. De igual manera, si Dios es el padre supremo, ¿por qué habría de sancionar la matanza de animales, que también son Sus hijos? En *El Bhagavad- gītā*, Dios le declara a Arjuna que todos los seres vivientes de las 8.400.000 especies de vida, son hijos Suyos. "Y Yo soy el padre que aporta la simiente" —dice el Señor—. Así como en la procreación material corriente el padre proporciona la simiente y la madre desarrolla el cuerpo mediante el hecho de proveerle al embrión la sangre necesaria, así mismo las entidades vivientes, partes integrales del padre supremo, son impregnadas por el Señor en la naturaleza material.

El tamaño del alma

La dimensión del alma espiritual es muy diminuta, y en las Escrituras se dice que es *keśāgra*, una diezmilésima parte de la punta de un cabello. A duras penas podemos imaginarnos un punto muy pequeño dividido en mil partes. En otras palabras, es tan ínfimo, que no puede ser percibido ni siquiera por el más poderoso de los microscopios. Así pues, la dimensión de la chispa espiritual es tan diminuta, que es invisible a la visión mundana. Toda esa información se da en las Escrituras, pero debido a que no tenemos la visión correcta, no podemos ver. Aunque nuestros ojos materiales no puedan percibir la dimensión del alma, ésta, sin embargo, se encuentra dentro del cuerpo y tan pronto como se va, adquiere otro cuerpo conforme a su trabajo.

Todo se está anotando

Uno siempre debe tener presente que detrás de todas esas actividades existe una superintendencia superior. La entidad viviente trabaja en el mundo material tal como el oficinista lo hace en su trabajo, y se guarda una hoja de servicio en la que se indica cómo lo realiza. La entidad viviente no conoce la opinión de su superior, pero, no obstante, su hoja de servicio se archiva en la oficina, y conforme a sus actividades se le confiere una promoción o un aumento de salario, o algunas veces se le degrada a una posición inferior o, incluso, se le despide. De manera similar, todas nuestras actividades tienen testigos; por consiguiente, en las Escrituras se dice que las entidades vivientes se hallan bajo una supervisión superior, y que son recompensadas y castigadas conforme a su trabajo. Ahora tenemos cuerpos humanos, pero en la siguiente vida puede que no los tengamos; puede que tengamos alguna otra cosa, mejor o inferior. El tipo de cuerpo de la entidad viviente lo deciden los superiores de ésta. Por lo general, la entidad viviente no conoce la ciencia de cómo el alma espiritual transmigra de un cuerpo a otro.

De cuerpo en cuerpo

El alma espiritual transmigra incluso en el transcurso de la vida, a medida que el cuerpo cambia. Cuando el cuerpo se manifiesta por primera vez en el vientre de la madre, es muy pequeño, como un garbanzo, y gradualmente se desarrollan en él nueve orificios: dos ojos, dos oídos, dos orificios nasales, una boca, un orificio genital y un orificio anal. Así se va desarrollando el cuerpo, y mientras necesite del vientre de la madre para desarrollarse, permanece en él. Cuando está lo suficientemente desarrollado como para salir, lo hace, y continúa creciendo. El crecimiento implica un cambio del cuerpo. Este cambio no se puede entender, debido a que le resulta imperceptible a la entidad viviente. En la infancia, teníamos cuerpos pequeños que ya dejaron de existir; por lo tanto, puede decirse que hemos cambiado nuestros cuerpos. De igual modo, en virtud de la naturaleza de las cosas materiales, tendremos que cambiar este cuerpo cuando deje de funcionar. Todo lo material se deteriora, y al igual que una máquina destruida o un viejo pedazo de tela, el cuerpo se vuelve inservible después de un cierto período de tiempo.

Los animales no estudian

Aunque este proceso de crecimiento siempre está ocurriendo, el sistema educativo de las universidades modernas, a pesar de que se le considera adelantado, desgraciadamente no trata esto.

En realidad, no hay educación si no hay conocimiento espiritual. Uno puede aprender a ganarse el pan, a comer, a dormir y a aparearse, sin necesidad de una educación formal. Los animales no estudian —no son técnicos ni tienen grados universitarios—, pero también están comiendo, durmiendo, apareándose y defendiéndose. Si el sistema educativo únicamente enseña estos procesos, no merece el nombre de educación. La verdadera educación nos capacita para entender lo que somos. Mientras el hombre no desarrolle su conciencia mediante la comprensión de la verdad del ser, todas sus acciones se ejecutarán en el plano de la modalidad de la ignorancia. La vida humana tiene por objeto lograr la victoria en la conquista de las leyes de la naturaleza material. De hecho, todos estamos tratando de lograr esa victoria a fin de contrarrestar las embestidas de la naturaleza material. La victoria máxima consiste en conquistar el nacimiento, la muerte, las enfermedades y la vejez, pero hemos hecho caso omiso de este importante punto.

Una entidad viviente es la comida de otra

El sistema educativo mejoraría, si tratara de la correcta utilización de lo que Dios está suministrando. Todas las frutas y granos que comemos los da Dios, que es quien les suministra comida a todas las entidades vivientes. En *El Śrīmad-Bhāgavatam* se declara: *jivo jīvasya jīvanam*, "Una entidad viviente es la comida de otra" (*Bhāg.* 1.13.47). Los animales que no tienen manos son la comida de los animales que tienen manos, tales como nosotros. Los animales sin patas son la comida de los animales con cuatro patas. El pasto es una entidad viviente, pero no tiene patas con las cuales moverse y, por ello, es comido por las vacas y otros animales. Esa clase de entidades inmóviles son la comida de los animales móviles, y de esa manera el mundo se halla en una constante lucha entre los explotadores y los explotados. El más débil es explotado por el más fuerte; ésa es la ley de la naturaleza. Tradicionalmente, los *vaiṣṇavas*, o devotos de Krishna, no comen carne. Ello no es únicamente en aras del vegetarianismo, sino para el desarrollo de la conciencia de Dios. A fin de desarrollar conciencia de Dios, uno debe seguir algunas reglas y regulaciones. Desde luego que uno tiene que comer, pero lo que se propone es que coma los remanentes de alimentos que han sido ofrecidos a Krishna. Ésa es también la filosofía de *El Bhagavad-gītā* (9.26), en el que Krishna dice:

patraṁ puṣpaṁ phalaṁ toyaṁ
yo me bhaktyā prayacchati
tad ahaṁ bhakty-upahṛtam
aśnāmi prayatātmanaḥ

"Si alguien Me ofrece con amor y devoción una hoja, una flor, una fruta o agua, Yo lo aceptaré".

Ser vegetariano no es lo importante

No debe pensarse que Krishna tiene hambre y está mendigando comida de nosotros. La finalidad de esa ofrenda es la de crear un intercambio amoroso. Krishna quiere ese intercambio: "Ámame y Yo te amaré". Como Krishna es Dios, Su energía crea y mantiene todo, así que, ¿por qué habría de mendigar de nosotros una hoja, una fruta y un poco de agua? Sin embargo, Él se sentirá muy complacido si le ofrecemos con amor una fruta, una hoja y agua, diciendo: "Krishna, soy tan pobre, que no puedo conseguir nada. Obtuve esta fruta y una hoja. Ten la bondad de aceptarlas". Una ofrenda de esa clase contentaría mucho a Krishna. Si Él come lo que le ofrecemos, nuestra vida se vuelve un éxito, pues, de hecho, haremos amistad con Krishna. Cualquier hombre, pobre o rico, puede conseguir y ofrecer una fruta, unas flores y agua, en cualquier parte del mundo. Debemos recordar, entonces, que no es el vegetarianismo lo que importa, y que a Dios no le hace falta nada. Lo importante es que simplemente tenemos que tratar de aprender a amar a Krishna.

Una relación eterna

El amor comienza con este dar y recibir. Le damos algo a nuestro amado, él nos da algo a nosotros, y de esa forma el amor se desarrolla. Cuando hacemos alguna transacción amorosa con algún muchacho o muchacha, hombre o mujer, damos y recibimos. Así pues, Krishna nos está enseñando a dar y recibir. Krishna nos está rogando que: "Trata de amarme. Aprende a amarme. Ofréceme algo".

"Señor —puede que digamos—, no tengo nada que darte".

"¡Cómo!, ¿no puedes conseguir una fruta, una flor, una hoja o un poquito de agua?"

"¡Oh, sí!, ¿por qué no? Cualquiera puede conseguir eso".

Éste es, entonces, el método de conciencia de Krishna, el cual le permite a uno hacer amistad con Krishna. Podemos entablar innumerables relaciones con Krishna. Podemos convertirnos en un sirviente directo de Krishna, o en las etapas superiores, podemos volvernos padre, madre o amante de Krishna. Krishna está dispuesto a establecer una relación amorosa con todas las entidades vivientes. En verdad, esa relación ya existe, debido a que Él es el padre supremo y nosotros somos Sus partes integrales. Como el hijo es parte del cuerpo del padre, la relación entre ellos no puede romperse; puede llegar a olvidarse por algún tiempo, pero tan pronto como uno reconoce a su padre o hijo, de inmediato desarrolla afecto por él. De igual modo, estamos relacionados eternamente con Krishna, pero en los actuales momentos esa relación sencillamente está olvidada o reprimida. En consecuencia, creemos que no tenemos relación alguna con Krishna; pero eso no es cierto. Como formamos un todo con Él, como somos partes integrales de Él, nuestra relación con Él es eterna. Esa relación simplemente tiene que ser revivida y el proceso para hacerlo es este proceso de conciencia de Krishna.

"Soy de Krishna"

Actualmente nos hallamos bajo el dominio de una conciencia diferente. Una persona piensa que es hindú, otra piensa que es americana, y otra más piensa "soy esto" o "soy aquello". De esa manera creamos muchísimas identidades artificiales, pero nuestra verdadera identidad debería ser: "Soy de Krishna". Cuando pensamos así, pensamos con conciencia de Krishna. Sólo así puede establecerse un amor universal entre todas las entidades vivientes. Krishna está relacionado con todo el mundo como el padre eterno y, por consiguiente, cuando establecemos una relación consciente de Krishna, quedamos relacionados con todo el mundo. Cuando uno se casa, automáticamente establece una relación con la familia de la esposa. De forma similar, si restablecemos nuestra relación original con Krishna, estableceremos nuestra verdadera relación con todos los demás seres. Ésa es la base del verdadero amor universal. El amor universal es artificial y no puede perdurar, a menos que establezcamos nuestra relación con el centro.

Uno es mejicano si nace en Méjico y, a raíz de ello, otros mejicanos se vuelven miembros de su familia; pero si uno nace en alguna otra parte, no tiene ninguna relación con los mejicanos. En el plano mundano, todas las relaciones son relativas. Nuestra relación con Krishna, no obstante, es eterna y no está sujeta al tiempo y las circunstancias. Cuando restablecemos nuestra relación con Krishna, se resuelven los problemas de hermandad universal, justicia, paz y prosperidad. Sin Krishna no hay posibilidad alguna de cristalizar estos ideales superiores. Si falta el punto central, ¿cómo puede haber hermandad y paz?

La fórmula de la paz

En *El Bhagavad-gītā* se da claramente la fórmula de la paz. Tenemos que entender que Krishna es el único disfrutador. Esta conciencia se desarrolla en un templo consciente de Krishna, en el que el centro de todas las actividades es Krishna. Todo lo que se cocina se hace para Krishna y no para los fines personales de uno. Al fin y al cabo, nosotros nos comeremos el *prasāda* (la comida ofrecida), pero cuando cocinamos, debemos pensar que lo estamos haciendo para Krishna y no para nosotros. Cuando los miembros de un templo salen a las calles, no lo hacen para sí mismos, sino para distribuir literatura consciente de Krishna, a fin de que la gente se vuelva consciente de la presencia de Krishna. Todo el dinero que se obtiene se gasta en Krishna, en difundir Su mensaje de muchísimas maneras. Ese estilo de vida, en el que todo se hace para Krishna, promueve el desarrollo de conciencia de Krishna en la entidad viviente. Nuestras actividades pueden seguir siendo las mismas; únicamente tenemos que entender que estamos actuando para Krishna y no para nuestra satisfacción personal. De esa manera podemos alcanzar nuestro estado de conciencia original y ser felices. A menos que uno se establezca en su estado de conciencia original, que es conciencia de Krishna, es seguro que estará loco hasta cierto punto. Todo aquel que no está consciente de Krishna ha de tenerse por loco, pues está existiendo en un plano que es temporal y pasajero. Puesto que nosotros, como entidades vivientes, somos eternos, las actividades temporales no nos incumben. Nuestras ocupaciones deberían ser eternas, debido a que nosotros somos eternos, y esa ocupación eterna la constituye el hecho de prestarle servicio a Krishna con amor.

La vida normal

Krishna es el eterno supremo y nosotros somos los eternos subordinados. Krishna es la entidad viviente suprema y nosotros somos las entidades vivientes subordinadas. El dedo es parte integral del cuerpo entero y su función eterna es la de servir al cuerpo. En efecto, ésa es precisamente la finalidad del dedo, y si no puede servir al cuerpo entero, es porque está enfermo o inutilizado. De igual manera, como partes integrales que somos, tenemos que servir a Krishna y subordinarnos a Él, debido a que, en Su carácter de padre supremo, Él nos suministra todo lo que necesitamos. Esa clase de vida, en la que se está subordinado a Krishna, es una vida normal y es una vida de verdadera liberación. Aquellos que tratan de negar a Krishna y viven apartados de cualquier relación con Él, están llevando de hecho una vida pecaminosa.

Vaiṣṇava: el mejor cristiano

Śukadeva Goswami y Mahārāja Parīkṣit discutieron este asunto, y Parīkṣit Mahārāja estaba ansioso por saber cómo las almas condicionadas podían ser rescatadas de sus vidas infernales.

Es un deseo natural del *vaiṣṇava* el querer salvar a la sufrida humanidad. Por lo general, a los demás no les importa si la gente sufre o no; pero un *vaiṣṇava*, un devoto del Señor, siempre está pensando en cómo aliviar la caída condición de la gente. Los cristianos creen que el Señor Jesucristo, a través de su crucifixión, asimiló todas las actividades pecaminosas de la gente. Un devoto del Señor siempre está pensando en cómo asimilar los sufrimientos de otros. Vāsudeva Datta, un asociado del Señor Caitanya, era un devoto de esa clase. Él le dijo al Señor: "Ahora que Tú has venido, por favor libera a toda la gente de esta Tierra y llévala a Vaikuṇṭha, el mundo espiritual. Y si Tú crees que son tan pecadores que no pueden ser liberados, por favor transfiéreme todos sus pecados. Yo sufriré por ellos". Ésa es la misericordia de un *vaiṣṇava.* Sin embargo, no debe creerse que el Señor Jesucristo o Vāsudeva Datta deben hacer un contrato por nuestros pecados y que nosotros podemos continuar cometiéndolos, ya que semejante proposición es de lo más atroz. Un *vaiṣṇava* o devoto puede que sufra por toda la humanidad, pero la raza humana o los discípulos de un devoto en particular no deben aprovecharse de esa facilidad y continuar cometiendo pecados. Más bien, uno debe darse cuenta de que, como el Señor Jesucristo y Vāsudeva Datta sufrieron por uno, se debe dejar de cometer pecados.

Mejor hacerlo antes de morir

De hecho, todo el mundo es responsable de sus propias actividades pecaminosas. Por consiguiente, Śukadeva Goswami recomienda: *tasmāt puraivāśva iha pāpa-niṣkṛtau*, para librarse de todas las reacciones de las actividades pecaminosas, uno debe expiarlas mientras se encuentra dentro del cuerpo. *Yateta mṛtyor avipadyatātmanā/ doṣasya dṛṣṭvā guru-lāghavaṁ yathā bhiṣak cikistseta rujāṁ nidāna-vit.* Uno debe emprender un programa de expiación, conforme a sus actividades pecaminosas. Como se mencionó anteriormente, existen diferentes expiaciones para diferentes actividades pecaminosas. Sea cual fuere el caso, antes de morir, uno debe realizar la expiación, de manera de no llevar las actividades pecaminosas a su siguiente vida y tener que sufrir entonces. Si no realizamos alguna expiación por nuestras actividades pecaminosas, la naturaleza no nos excusará. Tendremos que sufrir los efectos de nuestros pecados en la siguiente vida. Ese cautiverio ocasionado por las actividades materiales de uno, se denomina *karma-bandhanaḥ.*

yajñārthāt karmaṇo 'nyatra
loko 'yaṁ karma-bandhanaḥ
tad-arthaṁ karma kaunteya
mukta-saṅgaḥ samācara

"El trabajo que se realiza como un sacrificio para Vishnu tiene que ejecutarse, pues, de lo contrario, el trabajo lo ata a uno a este mundo material. Por consiguiente, ¡oh, hijo de Kuntī! ejecuta tus deberes prescritos para la satisfacción de Él, y de esa manera siempre permanecerás desapegado y libre de cautiverio" (*Bg*. 3.9).

La vaca se lo comerá a uno

Uno puede matar a un animal para comérselo y disfrutar de ello, pero semejante acción lo atará a uno. Así pues, en la siguiente vida, uno se volverá una vaca o una cabra, y la vaca o la cabra se volverá un hombre y se lo comerá a uno. Eso es lo que afirman los *Vedas* y, como todo lo que afirman los *Vedas*, uno puede creerlo o no. Desgraciadamente, en la actualidad se educa a la gente de una manera tal, que no creen en la siguiente vida. En efecto, parece ser que cuando más "educado" uno se vuelve, menos cree en Dios, en la ley de Dios, en la siguiente vida y en las actividades piadosas y pecaminosas. De esa manera, la educación moderna simplemente está preparando a los hombres para que se vuelvan animales. Si no hay ninguna educación que le enseñe al ser humano qué es él y si es o no este cuerpo, él continuará siendo no más que un asno. Un asno también cree "yo soy este cuerpo", como lo creen también otros animales. Así que si un hombre cree eso mismo, ¿en qué se diferencia de cualquier otro animal? *El Śrīmad-Bhāgavatam* (10.84.13) afirma:

yasyātma-buddhiḥ kuṇape tridhātuke
sva-dhīḥ kalatrādiṣu bhauma ijyadhīḥ

yat tīrtha-buddhiḥ salile na karhicij
janeṣu abhijñeṣu sa eva gokharaḥ

"Se dice que una persona está engañada y no es más que un asno o una vaca, si considera que el cuerpo —que está hecho de tres elementos— es su yo, si siente atracción por las relaciones corporales íntimas que se establecen con su esposa e hijos, si considera que su tierra es venerable, y si reconoce como sagradas las aguas de los lugares santos de peregrinaje, pero no saca provecho del conocimiento de las personas santas que se encuentran en ellos".

El cuerpo, la esposa, los hijos, la tierra...

De acuerdo con *El Āyur-veda*, el cuerpo material se compone de tres elementos: *kapha-pitta-vātaiḥ*, moco, bilis y aire. Dentro del cuerpo existe una compleja maquinaria que transforma la comida en líquido. Hay muchos y complicados procesos corporales que se están llevando a cabo, pero, ¿qué sabemos de ellos? Nosotros decimos "este es mi cuerpo", pero, ¿qué sabemos de este cuerpo? Algunas personas dicen incluso "yo soy Dios", pero ni siquiera saben lo que está ocurriendo dentro de sus propios cuerpos. El cuerpo es un saco de excremento, orina, sangre y huesos.

Uno es un necio si cree que la inteligencia proviene de excremento, orina, sangre y huesos. ¿Podemos, acaso, crear inteligencia mediante la mezcla de excremento, orina, huesos y sangre? Sin embargo, la gente aún cree que "yo soy este cuerpo". Por consiguiente, las Escrituras dicen que todo aquel que considera que este cuerpo es su yo y que considera que esposa, hijos y familia —que constituyen las relaciones corporales—, le pertenecen, está engañado. La palabra *kalatra* significa esposa, y *ādi* significa comienzo. Porque el hombre se siente solo, se casa, e inmediatamente aparecen los hijos, y luego los nietos. De esa manera ocurre una expansión. *Strī* significa "aquello que se expande", de manera que *kalatrādiṣu* significa "expansiones del ser", las cuales comienzan con la esposa. La palabra *bhauma* se refiere a la tierra en la que uno nació, que los ignorantes consideran digna de ser adorada (*ijya-dhīḥ*). Las personas están dispuestas a dar sus vidas por la tierra en que nacieron, pero no saben que la tierra, el cuerpo, la esposa, los hijos, el país y la sociedad realmente no tienen nada que ver con ellos. Somos almas espirituales (*aham brahmāsmi*).

Esto constituye verdadera comprensión del conocimiento, y cuando llegamos a este grado de conocimiento, nos volvemos felices.

brahma-bhūtaḥ prasannātmā
na śocati na kāṅkṣati
samaḥ sarveṣu bhūteṣu
mad-bhaktiṁ labhate parām

"Aquel que está situado trascendentalmente, llega a comprender de inmediato al Brahman Supremo. Él no se lamenta por nada ni desea nada, tiene la misma disposición para con todas las entidades vivientes, y en ese estado logra prestarme servicio devocional puro" (*Bg.* 18.54). Cuando uno llega a entender que "soy alma espiritual; soy Brahman; no soy esta materia", de inmediato se vuelve jubiloso (*prasannātmā*). El síntoma característico de ese júbilo es que uno deja de sentir anhelo y lamentación. En este mundo, todos están sujetos a lamentarse por aquello que se pierde y a anhelar aquello que debe ganarse, pero la verdadera ganancia consiste en entenderse uno mismo y conocer su propia identidad.

Karma, la ley de la naturaleza

Mientras mantengamos el concepto corporal de la vida, tendremos que acatar las leyes de la naturaleza material, así como también las leyes del Estado y todas las demás leyes. Así pues, este cuerpo recibe el nombre de condicionado, debido a que está sujeto a diferentes condiciones. Existe una variedad de condiciones, y sin importar la condición a la que estemos sujetos, se nos considera responsables de lo que hagamos. Si no expiamos las actividades pecaminosas que cometemos mientras nos hallamos en este cuerpo, tendremos que sufrir en el siguiente cuerpo, pues recibiremos otro cuerpo conforme al *karma* (*yaṁ yaṁ vāpi smaran bhāvaṁ tyajaty ante kalevaram*). Ésa es la ley de la naturaleza. Por lo tanto, Śukadeva Goswami nos recomienda someternos a una expiación acorde con la gravedad de nuestras actividades pecaminosas. Uno debe seguir los métodos de expiación que se prescriben en los *śāstras*, pues, de lo contrario, no hay salvación.

Pecando una y otra vez

Parīkṣit Mahārāja, quien era muy inteligente, dijo: "Mediante la expiación, uno puede liberarse de la actividad pecaminosa, pero supóngase que un hombre ha cometido un asesinato y luego es matado; la reacción pecaminosa de su asesinato queda así neutralizada, pero eso no garantiza que en su siguiente vida no matará a otro hombre". Así pues, Parīkṣit Mahārāja hizo notar que la gente, después de expiar, comete de nuevo los mismos pecados. Si un hombre está enfermo, puede que el médico le dé una medicina y lo cure, pero ello no garantiza que él no será atacado de nuevo por la misma enfermedad. Con frecuencia, las enfermedades venéreas se contraen una y otra vez, pese a las curas, y un ladrón puede que robe una y otra vez, a pesar de haber sido enviado a la cárcel en repetidas oportunidades. ¿Por qué ocurre esto? Por lo tanto, Parīkṣit Mahārāja hizo notar que, aunque puede que la expiación sea buena para contrarrestar las actividades pecaminosas ya cometidas, no logra evitar que esos pecados sean cometidos de nuevo. Todo el mundo puede ver que un hombre que comete un asesinato es castigado, pero ver eso no es suficiente para hacer que uno desista de matar. En toda Escritura y en todo código de leyes se le advierte al hombre que no mate, pero a nadie le importan esas leyes. ¿Cuál es el remedio para esto? *Dṛṣṭa-śrutābhyām yat pāpam*. Mediante la experiencia práctica y por escuchar a las autoridades, todo el mundo sabe lo que la actividad pecaminosa es, y nadie puede decir "no sé lo que es el pecado". ¿De qué sirve la expiación, si uno comete el mismo pecado una y otra vez después de expiar? *Kvacin nivartate ´bhadrāt kvacic carati tat punaḥ/ prāyaścittam atho ´pārthaṁ manye kuñjara-śaucavat* (*Bhāg.* 6.1.10). Mientras uno es castigado, piensa: "¡Qué error he cometido! No cometeré este pecado nunca más". Pero tan pronto como sale del peligro, de nuevo comete el mismo pecado.

El perro, el trono y el zapato

Lo habitual se vuelve natural; es muy difícil dejar de hacerlo. *Śvā yadi kriyate rājā/ tat kiṁ nāśnāty upānaham* (*El Hitopadeśa*): uno puede sentar a un perro en un trono, pero tan pronto como el perro vea un zapato, de inmediato se bajará de un salto y correrá tras él, porque es un perro. Las cualidades caninas están presentes y no pueden cambiarse mediante el simple hecho de poner al perro en un trono. De forma similar, hemos adquirido cualidades materiales por asociarnos con las tres modalidades de la naturaleza material, *sattva- guṇa*, *rajo-guṇa* y *tamo-guṇa*, y nuestros hábitos se forman en virtud de la asociación con estas tres cualidades, que son las cualidades de la bondad, la pasión y la ignorancia. Sin embargo, si nos disociamos de las tres modalidades de la naturaleza material, invocaremos nuestra verdadera naturaleza espiritual. En eso consiste el proceso de conciencia de Krishna. Si uno tiene conciencia de Krishna, no hay posibilidad de asociarse con las tres modalidades de la naturaleza material, y cuando uno está consciente de Krishna, su naturaleza espiritual se invoca automáticamente. Ése es el secreto. Aquellos que siguen con mucho interés el proceso de conciencia de Krishna, aunque anteriormente estuvieran habituados a muchas cosas no deseables, simplemente en virtud de la práctica del proceso de conciencia de Krishna son capaces de permanecer en un plano en el que no hay ninguna contaminación material.

Medicina para las enfermedades del alma

Así pues, el cultivo de conciencia de Krishna es una medicina excelente. A menos que uno se vuelva consciente de Krishna, los hábitos que adquiere en asociación con las tres modalidades de la naturaleza material continuarán, y no podrá cambiarlos. Si uno verdaderamente quiere liberarse de la repetición del nacimiento y la muerte, debe alcanzar el estado de conciencia de Krishna. En *El Bhagavad-gītā* (14.26), el Señor Krishna dice:

māṁ ca yo ´vyabhicāreṇa
bhakti-yogena sevate
sa guṇān samatītyaitān
brahma-bhūyāya kalpate

"Aquel que se dedica por completo al servicio devocional y que bajo ninguna circunstancia cae, trasciende de inmediato las modalidades de la naturaleza material y llega así al nivel de Brahman".

El proceso de conciencia de Krishna no recomienda esta o aquella expiación. Uno puede continuar experimentando con la expiación, pero las enfermedades del alma permanecerán, a menos que uno llegue al plano de realizar servicio devocional con amor y purificar su vida.

4

Karma, la justicia infalible

Una civilización no muy civilizada

Yogeśvara dāsa: Śrīla Prabhupāda, el otro día usted estaba diciendo que en la India, al menos hasta hace poco, estaba prohibido comerse a las vacas; que aquellos que comían animales, comían únicamente perros y cabras.

Śrīla Prabhupāda: Sí. A quienes comen carne, esto es lo que la cultura védica les recomienda: "Coman perros". Así como en Corea se comen a los perros, así mismo, ustedes también pueden comerse a los perros. Pero no se coman a las vacas sino hasta que hayan muerto en forma natural. Nosotros no decimos "no coma". Ustedes están sumamente adictos a comer vacas. Muy bien, pueden comérselas, ya que, después de que mueren, tenemos que dárselas a alguien, a alguna entidad viviente. Por lo general, los cadáveres de las vacas se los dan a los buitres. Pero, ¿por qué sólo a los buitres? ¿Por qué no a la gente "civilizada" de esta época, que son prácticamente iguales a los buitres? [*Risas.*]

Esta gente supuestamente civilizada...¿cuál es la diferencia entre esos sinvergüenzas y los buitres? Los buitres también disfrutan de matar y luego comerse el cuerpo muerto. "Hazlo que muera y luego disfruta" —las personas se han vuelto buitres—. Y su civilización es una civilización a lo buitre. Gente que come animales; son como chacales, buitres, perros. La carne no es comida humana. Aquí, en la cultura védica, está la comida civilizada, la comida humana: leche, frutas, vegetales, nueces, granos. Ellos deben aprender esto.

Verdadera vida humana

Para dirigir es necesario que haya instructores espirituales —hombres de primera categoría—. Mis discípulos se están preparando para volverse hombres de primera categoría. Si la gente sigue nuestro consejo, entonces todo irá bien. ¿De qué sirve que los hombres que dirijen sean de cuarta categoría?

Los hombres de primera categoría son grandes devotos del Señor, que, mediante sus palabras y su ejemplo práctico, pueden guiar a los administradores y a los ciudadanos. Los hombres de segunda categoría son los administradores, los militares, que velan por el desenvolvimiento armonioso del gobierno y por la seguridad de los ciudadanos. Y los hombres de tercera categoría son los granjeros, que cultivan la tierra y protegen a las vacas. Pero, hoy en día, ¿quién está protegiendo a las vacas? Eso les corresponde a los hombres de tercera categoría. Por consiguiente, todo el mundo es de cuarta categoría o aún más bajo. *Śva-viḍ-varāhoṣṭra-kharaiḥ saṁstutaḥ puruṣaḥ paśuḥ* (*Bhāg.* 2.3.19): la gente está viviendo tal como los animales —sin principios regulativos espirituales—. Todo el mundo puede hacer lo que quiera, lo que le parezca: ningún principio regulativo.

Pero la vida humana está hecha para seguir principios regulativos. Nosotros insistimos en que nuestros estudiantes sigan principios regulativos, simplemente para convertirlos en verdaderos seres humanos: no comer carne, no tener vida sexual ilícita, no ingerir bebidas embriagantes ni estimulantes, no participar en juegos de azar. La vida sin principios regulativos es vida animal.

En la forma humana de vida, después de pasar por millones de vidas entre las especies vegetales y animales, el alma espiritual recibe la oportunidad de emprender el sistema de *yoga*, y *yoga* significa estrictos principios regulativos. *Indriya-saṁyamaḥ:* el control de los sentidos. Ése es el verdadero sistema de *yoga*. Pero hoy en día, la mayoría de la gente, aunque diga que practica *yoga*, está haciendo un mal uso de él. Dichas personas, al igual que los animales, no pueden controlar sus sentidos. Como seres humanos que son, tienen una inteligencia superior; deberían aprender a controlar los sentidos. Eso es vida humana. *Na yat-karṇa-pathopeto:* aquel que no ha escuchado el mensaje de Krishna, la Suprema Personalidad de Dios —ni siquiera por un momento—, es un animal. A menos que a la gente en general se la prepare sistemáticamente en aras de un nivel de vida más elevado en valores espirituales, no serán más que animales.

Se busca amo

La educación universitaria moderna prácticamente lo prepara a uno para que adquiera una mentalidad perruna, con la cual acepte el servicio de un amo más grande que uno. Al igual que los perros, las personas supuestamente educadas, después de terminar su supuesta educación, van de puerta en puerta solicitando algún servicio. Hemos visto esto en la India. Hay tantos hombres educados que están desempleados..., y eso se debe a que se les ha educado como perros. Tienen que encontrar un amo; de lo contrario, no tienen la capacidad de trabajar independientemente. Tal como el perro: si no encuentra un amo, será un perro callejero que deambula por las calles.

El Doctor Conductor

Bhagavān dāsa: Hoy en día hay tanta gente con doctorados, que no hay suficientes empleos para todos ellos. Así que tienen que aceptar empleos de camioneros o conductores de taxis.

Yogeśvara dāsa: Además, se supone que son la clase educada: los *brāhmaṇas*.

Śrīla Prabhupāda: No, ellos no son *brāhmaṇas*. Aquellos que enseñan a cambio de dinero no son *brāhmaṇas*. Por ejemplo, nosotros damos conferencias, educamos a la gente. Pero no les decimos: "Dennos un salario". Únicamente les pedimos: "Por favor, vengan". Por eso estamos cocinando y realizando tantos festivales gratuitos. "Les daremos comida. Les daremos un asiento cómodo. Por favor, vengan y escuchen hablar de la autorrealización y el cultivo de conciencia de Dios". No estamos pidiendo dinero: "Ante todo pague la cuota; luego puede venir y aprender *El Bhagavad-gītā*". Nunca decimos eso. Pero esos supuestos profesores que primero antes que todo negocian un salario —"¿cuánto me vas a pagar?"—, ...ése es el interés del perro. Ése no es el interés del *brāhmaṇa*. Un *brāhmaṇa* nunca pedirá un salario. El *brāhmaṇa* está ansioso por ver que la gente se eduque. "Tome educación gratuita y edúquese; sea un ser humano". Eso es lo que le importa al *brāhmaṇa*. ¿Ve usted? Yo no vine aquí a pedir dinero, sino a dar instrucción.

"Proteged a las vacas"

Así que pueden comer perros. O cerdos. Coman cerdos. No prohibimos la matanza de esos animales menos importantes. Ni lo aprobamos ni lo prohibimos. Pero, sí pedimos especialmente la protección de las vacas, debido a que eso lo ordena el Señor Krishna. *Go rakṣya:* "Proteged a las vacas". Ése es nuestro deber.

Y además, es muy útil económicamente. No ha de creerse que Krishna lo ha recomendado por nada; no es así. La orden de Krishna tiene significado. Las vacas de nuestras granjas Hare Krishna están dando más leche que otras vacas, porque tienen confianza en que "aquí no se nos va a matar". No ocurre como con esos sinvergüenzas, esos supuestos cristianos que dicen: "Ellas no tienen alma; no tienen inteligencia". Tienen inteligencia. En otras partes no dan tanta leche. Pero en nuestras granjas se sienten muy contentas. Tan pronto como los devotos las llaman, ellas acuden. Sí, tal como entre amigos. Y se sienten seguras: "No nos van a matar". Así que están dichosas y dan abundante leche.

En Europa y América las vacas son muy buenas, pero el sistema para matarlas también es muy bueno. Así que hay que detener esto. Hay que decirles: "Ya recibirán la carne de la vaca. Tan pronto como la vaca muera, se les dará gratis. No tienen que pagar tanto dinero como ahora. Pueden obtener la carne gratuitamente y comerla entonces. ¿Por qué están matando? No sigan con esos mataderos". ¿Qué hay de malo con esa propuesta?

Karma: el que a hierro mata... a hierro muere

No queremos detener el comercio, ni la producción de granos, vegetales y frutas. Pero queremos que se acaben esos mataderos. Eso es sumamente pecaminoso. Por eso hay tantas guerras en todas partes del mundo. Cada diez o quince años hay una gran guerra —un matadero de seres humanos al por mayor—. Pero esos sinvergüenzas no se dan cuenta de ello; de que, por la ley del *karma*, cada acción ha de tener su reacción.

Ustedes están matando a las inocentes vacas y a otros animales; la naturaleza se vengará. Sólo esperen. Tan pronto como el momento sea oportuno, la naturaleza va a reunir a todos esos sinvergüenzas y a exterminarlos. Se acabó. Pelearán entre sí —protestantes contra católicos, Rusia contra Norteamérica, éste contra aquél—. Ya está ocurriendo. ¿Por qué? Es la ley de la naturaleza. El que a hierro mata, a hierro muere. "Ustedes mataron. Ahora mátense entre *ustedes*".

Están enviando a los animales al matadero, y ahora van a crear su propio matadero. [*Imitando el sonido de disparos*] ¡Pum! ¡Pum! ¡Mata! ¡Mata! ¿Se da cuenta? Tomemos, por ejemplo, a Belfast. Los católicos están matando a los protestantes, y los protestantes están matando a los católicos. Ésa es la ley de la naturaleza. No es necesario que a uno lo envíen al matadero ordinario.

Uno hará su propio matadero en casa. Matará a su propio hijo —el aborto—. Ésa es la ley de la naturaleza. ¿Quienes son esos niños que están siendo matados? Es la misma gente que come carne. Ellos disfrutaron cuando se mató a tantos animales, y ahora sus madres los están matando a ellos. La gente no sabe cómo actúa la naturaleza. *Si usted mata, tendrá que ser matado.* Si usted mata a la vaca, que es su madre, entonces, en alguna vida futura, su madre lo matará. Así es. La madre se vuelve el hijo, y el hijo se vuelve madre.

El hombre-vaca y la vaca-hombre

Māṁ sa khādatīti māṁsaḥ. Māṁsa es la palabra sánscrita que se usa para esto. *Māṁ* significa "a mí" y *sa* significa "a él". Estoy matando a este animal; me lo estoy comiendo. Y en mi siguiente vida él me matará y me comerá. Cuando el animal va a ser sacrificado, se le recita este *mantra* en el oído: "Tú me estas dando tu vida, así que en tu siguiente vida tendrás la oportunidad de volverte un ser humano. Y yo, que ahora te estoy matando, me volveré un animal, y tú me matarás". De manera que, después de entender este *mantra*, ¿quién va a querer matar a un animal?

...aunque se vista de seda...

Bhagavān dāsa: Mucha gente está discutiendo hoy en día el tema de la reencarnación, pero no entienden la importancia de los efectos...

Śrīla Prabhupāda: ¿Cómo van a entender? Son todos unos necios, sinvergüenzas y torpes vestidos como caballeros. Eso es todo. *Tāvac ca śobhate mūrkho yāvat kiñcin na bhāṣate.* Un sinvergüenza, un necio, tiene prestigio mientras no habla. Tan pronto como habla, revela su naturaleza —lo que verdaderamente es—. Así que debemos hacer énfasis en las actividades agrícolas: la producción de alimentos y la protección de las vacas. La gente consciente de Krishna nunca perderá nada por seguir las instrucciones de Krishna. Vivirán cómodamente, sin ninguna necesidad material, y *tyaktvā dehaṁ punar janma naiti* (*Bg.* 4.9): después de dejar este cuerpo, irán directamente a Dios. Ésa es nuestra forma de vida.

Alimentando al hambriento

Bhagavān dāsa: Una vez, usted nos estaba diciendo que en la India, si una persona tiene un árbol de mangos y alguien tiene hambre, éste puede entrar y comer, pero no puede llevarse mangos consigo.

Śrīla Prabhupāda: Así es. Si uno tiene un jardín y alguien le dice: "quiero comer alguna fruta", uno le dirá: "Sí, adelante. Come todas las frutas que gustes". Pero la persona no recogerá más de lo que puede comer y se lo llevará. Cualquier cantidad de personas pueden ir y comer a su satisfacción. Los granjeros ni siquiera se lo prohíben a los monos: "Está bien, que vengan. Al fin y al cabo, todo le pertenece a Dios". Ése es el sistema de conciencia de Krishna: si un animal, por ejemplo un mono, va a su jardín a comer, no se lo prohíba. Él también es parte integral de Krishna. Si usted se lo prohíbe, ¿dónde irá a comer?

Recuerdo otra historia; ésta me la contó mi padre. El hermano mayor de mi padre tenía una tienda de telas. Todos los días, antes de cerrar la tienda, mi tío dejaba un recipiente lleno de arroz. Por supuesto, como en cualquier aldea, había ratas. Pero las ratas se comían el arroz y no rompían ni una sola tela. La tela es muy cara. Si alguna rata hubiera roto siquiera una tela, habría sido una gran pérdida. De manera que con unos pocos centavos de arroz, se ahorró en tela muchísimos pesos. Esta cultura de Krishna es práctica. "También ellas son partes integrales de Dios. Denles comida. No crearán ningún disturbio. Denles comida".

Todo el mundo tiene la obligación de alimentar al hambriento —incluso si se trata de un tigre—... Una vez, cierto maestro espiritual estaba viviendo en la jungla. Sus discípulos sabían que "los tigres nunca vendrán a molestarnos, pues nuestro maestro siempre mantiene un poco de leche a poca distancia del *āśrama*, y los tigres vienen, la beben y se van".

El maestro gritaba: "¡Tú, tigre! ¡Ven aquí a tomar tu leche!" [*Risas*] Y los tigres se acercaban, tomaban la leche y se iban. Y nunca atacaban a ningún miembro del *āśrama*. El maestro les decía: "Son mis hombres; no les hagan daño".

Recuerdo haber visto en la Feria Mundial a un hombre que había amaestrado a un león. Él jugaba con ese león así como uno juega con un perro. Esos animales pueden entender que: "Este hombre me quiere. Él me da de comer; es mi amigo".

Ellos también pueden apreciar.

Cuando Haridāsa Ṭhākura vivía en una cueva y cantaba Hare Krishna, una gran serpiente que también vivía allí, decidió irse. La serpiente sabía que: "Él es una persona santa. No debe ser molestado. Mejor me voy yo". Y *El Bhagavad-gītā* nos hace saber que *īśvaraḥ sarva-bhūtānāṁ hṛd-deśe*, Krishna está en el corazón de todos, y Él da órdenes. Así que Krishna puede ordenarle paz y armonía a los animales, a la serpiente, a todo el mundo. [*Śrīla Prabhupāda hace una pausa y reflexiona.*]

Hacia la verdadera civilización

La cultura védica ofrece muchísimas comidas buenas y deliciosas, y la mayoría de ellas están hechas con productos lácteos. Pero esa gente supuestamente civilizada..., ellos no saben nada. Matan a las vacas y le tiran la leche a los cerdos, y están orgullosos de su civilización. En verdad, este movimiento para la conciencia de Krishna va a transformar a la gente incivilizada llevando al mundo entero hacia la verdadera civilización.

5

Anulando la ley del Karma

El método del herrero

Si tan sólo adoramos a la persona original (*ādi-puruṣam*), no hay por qué temer a que alguien nos desencamine. Śrīdhara Svāmī, el comentarista original de *El Śrīmad-Bhāgavatam*, explica que uno puede alcanzar la perfección de la vida simplemente mediante el servicio devocional (*kevalayā bhaktyā*); uno no tiene que depender de ningún otro proceso. Śukadeva Goswami dice que uno puede ponerle fin a la vida material en un instante (*kevalayā*). No hay por qué someterse primero a severas penitencias y austeridades, practicar celibato, control de la mente y los sentidos, dar caridad, realizar grandes sacrificios y volverse muy veraz y limpio. Simplemente —adoptando el proceso de conciencia de Krishna—, uno asciende de inmediato a la posición más elevada de todas. Por el simple hecho de entender el proceso de conciencia de Krishna, uno desarrolla toda clase de cualidades trascendentales. El orfebre usa un pequeño martillo y le da muchos golpecitos al oro, pero el herrero usa un gran martillo y con un solo golpe termina su trabajo. Este método es el del herrero: tomamos el gran martillo del *bhakti-yoga* y terminamos con todo lo que es vida material. No hay ninguna necesidad de someterse a las muchas disciplinas menores, ni de seguir ningún otro proceso. En realidad, ni siquiera hay alguna posibilidad de seguir los otros procesos védicos para la perfección. Por ejemplo, el proceso de *haṭha-yoga* diría: "Usted tiene que volverse un estricto *brahmacārī*, sentarse en el bosque con su cuerpo en ángulo recto con el suelo, y apretar su nariz con un dedo durante seis meses". ¿Quién podría seguir semejante instrucción? Un método de esa índole no es práctico en esta era actual, por eso el método del orfebre tiene que ser descartado. La solución es tomar el martillo del herrero que es este proceso de conciencia de Krishna y finiquitar de inmediato todas las reacciones pecaminosas.

El sol de Krishna vs. la oscuridad de māyā

Mediante el servicio devocional, uno tiene que volverse *vāsudeva-parāyaṇa*, un devoto del Señor Vāsudeva, o el Señor Krishna. En otras palabras, tenemos que aprender a volvernos amantes de Vāsudeva. Si el mundo adopta este proceso de conciencia de Krishna, es seguro que habrá paz en el planeta. Ahora, la tierra se está convirtiendo rápidamente en un planeta infernal, y si no se adopta este proceso de conciencia de Krishna, esa condición infernal progresará pese a todos los avances en la educación y el desarrollo económico. Por lo tanto, aquellos que son sensatos deben tomar muy en serio este movimiento y tratar de entender su valor. No es algo que un hombre o un grupo de discípulos hayan fabricado. Es autoritativo y antiguo, basado en Escrituras Védicas que se remontan a miles de años atrás.

Nīhāram iva bhāskaraḥ. *Bhāskaraḥ* se refiere al Sol. El Sol disipa de inmediato la bruma o la neblina, así como también la oscuridad. Como se dijo anteriormente, debemos tratar que el sol de Krishna salga en nuestros corazones. En *El Śrī Caitanya-caritāmṛta* también se declara que Krishna es como el Sol y que *māyā*, la energía ilusoria, es la oscuridad. *Yāhāṅ kṛṣṇa, tāhāṅ nāhi māyāra adhikāra:* tan pronto como el sol de Krishna se presenta, la oscuridad de *māyā* desaparece de inmediato. Es muy difícil superar el océano de la oscuridad, *māyā*, sin seguir este proceso. Si tan sólo le enseñamos a la gente a entregarse a Krishna, a Dios, toda la niebla y la bruma de la ilusión desaparecerán. El método es muy sencillo: cante Hare Krishna, Hare Krishna, Krishna Krishna, Hare Hare/ Hare Rāma, Hare Rāma, Rāma Rāma, Hare Hare.

Karma, la ley de acción y reacción

Cuanto más se canta, más se disipa la oscuridad de muchas vidas. *Ceto-darpana-mārjanam:* por el hecho de cantar, uno puede limpiar el polvo del espejo de su mente y percibir las cosas de forma muy definida. De esa manera, uno sabrá lo que es uno, lo que es Dios, lo que es el mundo, cual es nuestra relación con Dios, uno sabrá vivir en este mundo y cómo será su siguiente vida. Esa clase de conocimiento no se enseña en las escuelas, en las que uno aprende a manufacturar o adquirir productos para la complacencia de los sentidos. Siempre se está llevando a cabo una ardua lucha, relacionada con el intento del hombre de dominar la naturaleza material. Sin embargo, por cada comodidad que logra producir, hay un inconveniente que la acompaña. Por ejemplo, recientemente unos ingenieros diseñaron un avión que puede volar sin peligro a grandes velocidades. Pero, cuando el avión vuela, rompe los vidrios de toda la ciudad. Así pues, nuestro tiempo se está desperdiciando en la construcción de muchísimos dispositivos que nos brindan una comodidad temporal y artificial al precio de una cantidad proporcional de inconvenientes. Todo esto es parte de la ley del *karma*, la ley de acción y reacción. Para todo lo que hacemos, hay una reacción por la cual nos enredamos. Eso se declara en *El Bhagavad-gītā* (3.9):

yajñārthāt karmaṇo ´nyatra
loko ´yaṁ karma-bandhanaḥ
tad-arthaṁ karma kaunteya
mukta-saṅgaḥ samācara

"El trabajo que se hace como un sacrificio para Vishnu tiene que ejecutarse, pues de lo contrario el trabajo lo ata a uno a este mundo material. Por consiguiente, ¡oh, hijo de Kuntī!, realiza tus deberes prescritos para la satisfacción de Él, y de esa manera siempre permanecerás desapegado y libre de cautiverio".

Anulando la reacción

Cuando uno actúa para la complacencia de los sentidos, el trabajo, ya sea sea bueno o malo, lo enreda; pero si uno trabaja para Krishna (*yajñārthāt karmaṇaḥ*), estará libre, sin que importe la posible conveniencia o no de su trabajo.

Śukadeva Goswami no sólo recomienda el servicio devocional puro, sino que además dice que mediante el servicio devocional las actividades pecaminosas de uno quedarán anuladas. Cada uno de nosotros es pecador en cierta medida, pues sino lo fuéramos, no habríamos sido puestos en cuerpos materiales. Tan pronto como uno se libra de la vida pecaminosa, se libera y es trasladado al mundo espiritual en un cuerpo espiritual. Todo el proceso consiste en limpiarse de la contaminación de la vida pecaminosa o material.

No se trata de penitencias

Śukadeva Goswami dijo: "Mi querido rey, los pecadores pueden purificarse de la contaminación, mediante *tapa-ādibhiḥ*, practicando austeridad". Śukadeva también dijo, sin embargo, que nadie puede purificarse por completo mediante la ejecución de ese proceso de austeridad. Hay muchos ejemplos de *yogīs* que practicaron austeridades, pero que no emergieron de ellas completamente puros. Viśvāmitra Muni, por ejemplo, era un *kṣatriya* que quiso volverse *brāhmaṇa*, y por consiguiente, comenzó a practicar austeridades. Más adelante, sin embargo, fue víctima de Menakā, una muchacha frívola de los planetas celestiales. Debido a que Viśvāmitra no era puro, se enredó con ella y engendró una hija. Por eso se dice que incluso si uno ejecuta austeridades y penitencias, las circunstancias mundanas son tan comprometedoras, que de una forma u otra lo enredarán cada vez más en las modalidades materiales de la naturaleza.

Temporal pero verdadero

Hay muchos ejemplos de *sannyāsīs* que abandonan el mundo, renunciando a él por falso, diciendo: "Voy a dedicarme al Brahman", pero de nuevo se enredan en el trabajo del mundo cuando fundan hospitales y realizan obras filantrópicas y actividades de beneficencia. Si el mundo es falso, ¿por qué sienten atracción por las actividades de beneficencia? La filosofía de conciencia de Krishna sostiene que este mundo no es falso, sino que es temporal. Dios es verdadero y creó este mundo, así que, ¿cómo es posible que Su creación sea falsa? Debido a que ésta es la creación de Dios, y Dios es la Verdad Absoluta, esta creación es también verdadera. Lo que ocurre es que simplemente la vemos de otra manera debido a la ilusión. El mundo es un hecho, pero es un hecho temporal.

Puede que una persona diga que algo de este mundo le pertenece, pero ésa es una pretensión falsa. Es un hecho que es propiedad de alguien, pero ese alguien es Dios (*īśāvāsyam idaṁ sarvam*). Eso no significa, sin embargo, que eso sea falso. Lo que es falso es el derecho de propiedad, pues está basado en un engreído y falso estado de conciencia de creer que el individuo es el propietario, el amo o Dios. Todo el mundo desea ser el amo o propietario de algo, luego ministro, luego presidente, y luego Dios. Cuando todo lo demás falla, la entidad viviente quiere volverse Dios. Existe la tendencia a querer volverse el más grande de todos, pero perdura el hecho de que Dios es el más grande y la entidad viviente es pequeña en comparación con Él. Ni lo más pequeño ni lo más grande es falso, pero cuando el pequeño cree que es grande, eso sí es falso.

Más pequeño que el átomo

La literatura védica nos hace saber que Brahman, o el espíritu es *aṇor anīyān*, más pequeño que un átomo, y *mahato mahīyān*, más grande que lo más grande. A nuestro entender, el espacio que contiene al universo es lo más grande que existe, pero Krishna ha mostrado en Su boca millones de universos. Las entidades vivientes, que son partes integrales de Dios, no pueden comprender Su grandeza. Como entidades vivientes que somos, somos muy diminutos, infinitesimales, pero Dios es infinito. En efecto, la magnitud del alma espiritual individual es tan microscópica, que no puede ser vista. Uno ni siquiera puede imaginarla con sus sentidos materiales. Por consiguiente, se dice que el alma espiritual es más pequeña que un átomo (*aṇor anīyān*).

Debido a que las entidades vivientes como Krishna, el Señor Supremo, son espíritu, son cualitativamente uno. Cuantitativamente, sin embargo, el Señor es grande y las entidades vivientes son pequeñas. Este hecho puede entenderse de inmediato si nos basamos en la información védica. En *El Brahma-saṁhitā* se declara: *yasyaika-niśvasita-kālam athāvalambya jīvanti loma-vilajā jagad-aṇḍa-nāthāḥ*, muchos millones de universos salen del cuerpo de Dios cuando Él exhala, y de nuevo desaparecen cuando Él inhala.

Simplemente mediante Su respiración, millones de universos se crean y se disuelven. Si es así, entonces ¿cómo pueden las entidades vivientes proclamar que son las propietarias de algo? La posición de uno es segura sólo mientras no declare falsamente ser Dios o propietario. Se ha vuelto una moda decir que uno es Dios, y los tontos aceptan esa clase de declaraciones, pero del estudio de las Escrituras védicas concluimos que Dios no es algo tan barato.

¿Qué es la liberación?

Mientras no hagamos declaraciones engreídas y egocéntricas, estaremos liberados; no hay ninguna necesidad de buscar la liberación en sí. Pero mientras uno piense "soy este cuerpo", no estará liberado. Liberación significa saber perfectamente bien que el yo está separado del cuerpo. Por consiguiente, Śukadeva Goswami dijo: *prāyaścittam vimarṣaṇam*, "desarrolla tu conocimiento; eso te proporcionará alivio". Nuestro conocimiento es perfecto cuando llegamos a saber que somos partículas muy pequeñas de chispas espirituales, y que Dios, el supremo, la más grande de las entidades espirituales, nos suministra todo lo que necesitamos (*eko bahūnāṁ yo vidadhāti kāmān*). Por el hecho de reconocernos como partículas diminutas, partes integrales de Dios, podemos entender que tenemos el deber de servir a Dios. Dios es el centro de toda la creación, de todo el cuerpo universal; Él es el disfrutador y nosotros somos Sus servidores. En la medida en que este concepto se aclara, obtenemos la liberación.

Dios no va al médico

La liberación implica librarse de todos los conceptos falsos. No debe creerse que al liberarse, uno adquiere diez manos. En *El Śrīmad-Bhāgavatam* se define la liberación como *muktir hitvān-yathā- rūpam. Mukti* significa "abandonar", y *anyathā-rūpam* denota una falsa concepción de vida. Esto significa que cuando uno se sitúa en su posición constitucional original, habiendo abandonado todas las nociones falsas, está liberado. También se dice en *El Śrīmad-Bhāgavatam* que mediante la adquisición de conocimiento, uno queda liberado de inmediato. Ese conocimiento se puede adquirir muy fácilmente, pues es sencillo: Dios es grande, y yo soy pequeño; Él es el propietario supremo que suministra todo lo necesario, y yo soy Su sirviente. ¿Quién puede poner esto en duda? Es un hecho. Nosotros simplemente tenemos la falsa impresión de que somos esto o aquello, y eso nos conduce hasta la falsa impresión final de que somos Dios. Sin embargo, no nos detenemos a pensar qué clase de Dios somos. Un pequeño trastorno corporal nos enviará al médico. Por consiguiente, se sobrentiende que alguien que dice ser el supremo, se ha vuelto víctima de la última trampa de *māyā*. Aquel que está confundido de esa manera, ni siquiera puede ser liberado, pues está atado por falsas impresiones.

El hombre que nada desea

De hecho, uno puede ser liberado sólo cuando ha adquirido conocimiento correcto. La etapa de la liberación también recibe el nombre de etapa *brama-bhūtaḥ*. En *El Bhagavad-gītā* (18.54), Śrī Krishna describe de la siguiente manera a aquel que ha alcanzado esa etapa:

brahma-bhūtaḥ prasannātmā
na śocati na kāṅkṣati
samaḥ sarveṣu bhūteṣu
mad-bhaktiṁ labhate parām

"Aquel que de esa manera está situado trascendentalmente, de inmediato llega a conocer el Brahman Supremo y se vuelve plenamente dichoso. Él nunca se lamenta ni desea tener nada, y tiene la misma disposición para con todas las entidades vivientes. En ese estado, él llega a prestarme servicio devocional puro".

El júbilo que sigue a la etapa de comprensión, surge de entender que "durante tanto tiempo he estado engañado por falsas nociones. ¡Que tonto fui! Estaba creyendo que era Dios, pero ahora puedo entender que soy el sirviente eterno de Dios". Una vez que se logra esa comprensión, uno alcanza la liberación y se vuelve *prasannātmā*, o jubiloso, ya que esa es la posición constitucional de la entidad viviente.

Cuando uno se halla en estado de conciencia pura no hay ninguna lamentación, pues uno sabe que es una pequeña parte, una chispa espiritual protegida por el Señor Supremo. Entonces ¿qué posibilidad queda de lamentarse? Un niño se siente libre mientras sabe que su padre está con él. El piensa: "Mi padre está cerca de mí, así que estoy libre. Nadie puede hacerme daño". De igual modo, cuando uno se entrega a Krishna, tiene plena fe que no corre peligro porque Krishna lo está protegiendo. Aquel que está entregado a Krishna de esa manera, no está sujeto a la lamentación ni al deseo, mientras que el que no está consciente de Dios, simplemente anhela y lamenta. Él anhela aquello que no posee, y se lamenta por aquello que poseía pero que perdió. Una persona que está consciente de Dios no está sujeta a esa clase de sufrimiento. Si pierde algo, entiende que ese es el deseo de Dios, y piensa: "Dios deseaba eso, así que está bien". Esa persona no desea nada, pues sabe que todo lo que necesita lo está suministrando Krishna, el padre supremo.

La hermandad universal

Tan pronto como uno entiende su relación con Dios, llega a experimentar una hermandad universal, pues entiende que todos los hombres y animales —en verdad, toda vida en sí—, son todos partes del todo supremo y, por ende, son todos iguales. Al comprender esto, uno no envidia, explota, ni molesta a otra entidad viviente. Así pues, aquel que es devoto de Krishna desarrolla automáticamente todas las buenas cualidades, pues posee el estado de conciencia correcto. *Harāv abhaktasya kuto mahad-guṇā mano-rathenāsati dhāvato bahiḥ*. Aquel que ha desarrollado conciencia de Krishna, manifestará todas las buenas cualidades de los semidioses. En efecto, se afirma: *vāñchā-kalpa-tarubhyaś ca kṛpā-sindhubya eva ca*, un *vaiṣṇava* o devoto de Krishna es un océano de misericordia para los demás. Él le da a la sociedad el más grande de los regalos, pues ella necesita urgentemente el cultivo de conciencia de Dios.

El mejor de los regalos

Un *vaiṣṇava* confiere el invaluable regalo del *mahā-mantra*, Hare Krishna, Hare Krishna, Krishna Krishna, Hare Hare/ Hare Rāma, Hare Rāma, Rāma Rāma, Hare Hare. Simplemente por cantar este *mantra*, uno puede permanecer en un estado liberado. Uno no debe creer, sin embargo, que ese estado es simplemente un estado de trance por el cual uno permanece sentado en un rincón en posición de loto, por días y días. No, liberación significa servir. Uno no puede decir simplemente: "Ahora he consagrado mi vida a Krishna. Voy a permanecer sentado en *samādhi*". El nivel de entrega debe mantenerse mediante *niṣevayā*, servicio. A medida que uno sirve al Señor Supremo, el Señor se revela dentro del corazón. El programa del servicio devocional al Señor se ejecuta desde la mañana hasta la noche. En efecto, Krishna dice en *El Bhagavad-gītā* que uno debe dedicarse a Su servicio devocional las veinticuatro horas del día. No debe creerse que hay que meditar por quince minutos y luego dedicarse a toda clase de tonterías. Cuanto más sirvamos, más consagrados a Krishna estaremos; por consiguiente, una persona debe utilizar en beneficio de Krishna cualesquiera talentos que tenga. Hay nueve procesos de servicio devocional —escuchar, cantar, recordar, servir, adorar a la Deidad del templo, rezar, ejecutar órdenes, servir al Señor como amigo, y sacrificarlo todo por Él—, y uno siempre debe mantenerse ocupado al menos en uno de esos nueve procesos. Aquel que siempre está dedicado al servicio de Krishna, nunca se cansará (*bhajatāṁ prīti-pūrvakam*). El servicio debe hacerse con amor, pero puede que al comienzo esto resulte difícil, por eso puede que uno se canse de él. Sin embargo, a medida que uno progresa en el servicio a Krishna, le resulta placentero. Esto lo indica Krishna en *El Bhagavad-gītā* (18.37):

yat tad agre viṣam iva
pariṇāme ´mṛtopamam
tat sukhaṁ sāttvikaṁ proktam
ātma-buddhi-prasāda-jam

"Aquello que al comienzo puede que sea tal como veneno pero que al final es como néctar, y que lo despierta a uno en lo referente a la autorrealización, se dice que es felicidad bajo la modalidad de la bondad".

Una vez que uno ha alcanzado el plano espiritual, el servicio material es lo que verdaderamente se vuelve decepcionante. Por ejemplo, si uno canta Hare Krishna a lo largo de toda su vida, no habrá de cansarse de los nombres, pero si uno canta un nombre material una y otra vez, pronto se cansará de ello. Cuanto más uno canta los nombres Krishna, más se apega. Así pues, el servicio mediante *śravaṇam* y *kīrtanam*, escuchar y cantar acerca de Krishna, constituye el comienzo. El siguiente proceso es *smaraṇam* —recordar siempre a Krishna—. Cuando uno se vuelve perfecto en cantar y escuchar, siempre recuerda a Krishna. En ese tercer estado, uno se vuelve el más grande de todos los *yogīs*.

Una inversión garantizada

El progreso en el sendero de conciencia de Krishna nunca se pierde. En el mundo material, si uno comienza a construir una fábrica pero no la termina, es prácticamente inútil. Si la construcción se detiene y lo construido queda a medio terminar, todo el dinero que se haya invertido se pierde. Esto no ocurre con el proceso de conciencia de Krishna, pues aunque uno no llegue al grado perfecto, todo trabajo que hace se vuelve un bien permanente propio, pudiendo comenzar desde ese punto en su siguiente vida. Krishna también confirma en *El Bhagavad-gītā* (2.40), que aquel que comienza el proceso de conciencia de Krishna no puede perder nada.

nehābhikrama-nāśo ´sti
pratyavāyo na vidyate
svalpam apy asya dharmasya
trāyate mahato bhayāt

"En este esfuerzo no hay pérdida ni disminución, y un pequeño avance en este sendero puede protegerlo a uno del más peligroso tipo de temor".

¿Y si fracaso?

En el Sexto Capítulo de *El Bhagavad-gītā* (6.40), cuando Arjuna pregunta acerca de la suerte que corre el *yogī* que fracasa, Śrī Krishna responde:

pārtha naiveha nāmutra
vināśas tasya vidyate
na hi kalyāṇa-kṛt kaścid
durgatiṁ tāta gacchati

"¡Oh, hijo de Pṛthā!, un trascendentalista dedicado a actividades auspiciosas no se encuentra con la destrucción ni en este mundo ni en el mundo espiritual; amigo Mío, aquel que hace el bien, nunca es vencido por el mal".

El Señor indica, entonces, que el *yogī* que fracasa emprende su práctica de conciencia de Krishna en la siguiente vida, comenzando en el punto en que quedó. En otras palabras, si en una vida uno ha terminado el cincuenta por ciento del proceso, en la siguiente vida comienza a partir del cincuenta y uno por ciento. Sin embargo, cualesquiera bienes materiales que acumulamos en nuestra vida, son todos aniquilados en el momento de la muerte, pues no podemos llevar con nosotros la opulencia material.

No obstante, uno no debe pensar que haría bien en esperar la siguiente vida para alcanzar el estado de conciencia de Krishna. Debemos tratar de cumplir la misión del proceso de conciencia de Krishna en esta vida. Krishna nos promete que aquel que se vuelve Su devoto, irá a Él sin falta:

manmanā bhava mad-bhakto
mad-yājī māṁ namaskuru
mām evaiṣyasi satyaṁ te
pratijāne priyo ´si me

"Siempre piensa en Mí. Conviértete en Mi devoto. Adórame a Mí y ofréceme tu homenaje. El resultado de ello será que vendrás a Mí sin falta. Yo te prometo eso, porque tú eres Mi muy querido amigo" (*Bg.* 18.65)

Krishna no es una luz

Cuando pensemos en ir a Krishna, no debemos pensar que vamos a estar de pie ante un vacío o una brillante luz impersonal. Krishna, Dios, es una persona, así como nosotros somos personas. Desde el punto de vista material, podemos entender que nuestro padre es una persona y que su padre también es una persona, y que el padre de su padre es una persona, y así sucesivamente, hasta llegar al padre supremo, que también ha de ser una persona. Esto no es algo muy difícil de entender, y es digno de notar el hecho de que a Dios se le llama el padre supremo no sólo en los *Vedas*, sino también en la Biblia, el Corán y otras Escrituras. *El Vedānta-sūtra* también confirma el hecho de que la Verdad Absoluta es el padre original de quien todo ha nacido o emanado. Esto también se confirma en los *Vedas:*

nityo nityānāṁ cetanaś cetanānām
eko bahūnāṁ yo vidadhāti kāmān

"El Señor es el eterno supremo entre todos los eternos, y la entidad viviente suprema entre todas las entidades vivientes. Él está manteniendo a todos los demás". Los deseos y las señales de vida que todas las entidades vivientes exhiben, son sólo reflejos de los deseos y señales de vida del padre supremo. En otras palabras, los deseos nacen porque Él tiene deseos. Debido a que somos partes integrales de Dios, tenemos todos los instintos de Dios en un ínfima cantidad. El juego sexual y la vida sexual que vemos en el mundo material no son más que el reflejo pervertido del amor que se encuentra en el mundo espiritual. Este mundo es material debido a que aquí se olvida a Dios, pero tan pronto como se lo recuerda, el mundo se vuelve espiritual de inmediato. En otras palabras, el mundo espiritual es aquel lugar en el que no se olvida a Krishna. Ésa es también la definición de mundo espiritual que se da en las Escrituras védicas. Por consiguiente, debemos planear nuestra vida de manera tal, que no nos sea posible olvidar a Krishna ni por un momento. De ese modo, por dedicarnos al servicio de Krishna, siempre viviremos, en Vaikuṇṭha o Vṛndāvana, la morada de Krishna.

¡Despierte! ¡No hay ningún tigre!

Actualmente, debido a nuestra conciencia contaminada, estamos convirtiendo el mundo en un lugar materialista e infernal. Debido a que ignoramos nuestra posición constitucional, hemos creado innumerables problemas, de la misma manera en que en sueños creamos muchísimos problemas. Pero de hecho, no hay ningún problema. Puede que yo sueñe que estoy en medio de una gran tormenta, o que me están persiguiendo, o que alguien se está llevando mi dinero, o que estoy siendo devorado por un tigre, pero en realidad todas ésas son creaciones de mi mente. *Asaṅgo hy ayaṁ puruṣa iti śruteḥ*. Los *Vedas* dicen que el *puruṣa* (el *ātmā* o el alma) no tiene conexión alguna con todas sus actividades materiales de ensueño. Así que debemos dedicarnos a este proceso de conciencia de Krishna, para despertarnos de esa condición de ensueño.

Paz: ni la hubo, ni la habrá

Por encima de todos los trabajadores fruitivos, especuladores y *yogīs* místicos, están los *bhaktas*, o devotos de Krishna. Un *bhakta* puede ser perfectamente pacífico. Los demás no pueden serlo debido a que todo el mundo tiene deseos, excepto el *bhakta*, o aquel que tiene amor puro. Un *śuddha-bhakta* no tiene ningún deseo, porque simplemente está feliz con servir a Krishna. Él no sabe, y ni siquiera le importa, si Krishna es Dios o no lo es; él sólo quiere amar a Krishna. Ni tampoco le interesa que Krishna sea omnipotente o que Él se encuentre difundido por todas partes. En Vṛndāvana, los pastorcillos de vacas y las *gopīs* no sabían si Krishna era Dios o no, sino que simplemente lo amaban. Aunque no eran Vedantistas, *yogīs* ni *karmīs*, se sentían felices, debido a que eran sencillos muchachos y muchachas de aldea que querían ver a Krishna. Ésta es una posición sumamente elevada denominada *sarvopādhi-vinirmuktaṁ tat-paratvena nirmalam*, o la etapa de pureza en la que uno se encuentra liberado de toda designación material. Aunque los *yogīs* y *jñānīs* están tratando de entender a Dios, no están conscientes de la condición ilusoria en que se encuentran.

Māyā-sukhāya bharam udvahato vimūḍhān: son unos necios, debido a que están trabajando arduamente en aras de una felicidad ilusoria. Para ellos no existe ninguna posibilidad de paz. Los *jñānīs* o especuladores, deseando librarse del arduo trabajo de este mundo material, rechazan este mundo material (*brahma satyaṁ jagan mithyā*). Su posición es un poco más elevada que la de los *karmīs*, debido a que los *karmīs* han tomado este mundo material como lo único que existe. Ellos dicen "aquí seré feliz", y su *dharma*, o religión, consiste en tratar de crear una atmósfera pacífica dentro de este mundo material. Los tontos no saben que esto se ha estado tratando de hacer durante millones de años, pero que nunca ha ocurrido y nunca ocurrirá. ¿Cómo puede haber paz en el mundo material, cuando Krishna, el propio creador, dice que este lugar está hecho para los problemas y los sufrimientos?

ābrahma-bhuvanāl lokāḥ
punar āvartino 'rjuna
mām upetya tu kaunteya
punar janma na vidyate

"Desde el planeta más elevado del mundo material hasta el más bajo, todos son lugares desoladores, en los que ocurre el reiterado nacimiento y muerte" (*Bg.* 8.16)

Concluyendo todo

Duḥkhālayam aśāśvatam: este mundo no sólo está lleno de sufrimiento, sino que también es temporal. Uno no puede simplemente acceder a seguir padeciendo las tres clases de sufrimiento y permanecer aquí. Ni siquiera eso se le permitirá. En este mundo, uno no sólo será castigado mientras se encuentre en él, sino que, además, al final, será echado fuera a patadas. Puede que uno logre tener una gran cuenta en el banco o una costosa casa, una esposa, hijos, y tantas otras amenidades, y que tal vez piense "estoy viviendo muy pacíficamente", pero cualquier día puede decírsele: "Por favor, salga".

"¿Por qué?" —preguntará uno—. "Es mi casa, y ya fue pagada. Tengo dinero, un empleo y responsabilidades. ¿Por qué tengo que irme?"

"Simplemente salga. No hable. Salga".

Ése día el hombre ve a Dios. "¡Oh!, yo no creía en Dios" —puede que él piense—. "Pero ahora, aquí está Dios concluyendo todo".

Por eso se dice que la gente demoníaca reconoce a Krishna como la muerte, pues en ese momento Él les quita todo.

Todos veremos a Dios

¿Por qué queremos ver a Dios como la muerte? Cuando el demonio Hiraṇyakaśipu vio a Krishna, lo vio como la muerte personificada, pero el devoto Prahlāda lo vio en Su forma personal, como su querido Señor. Aquellos que desafían a Dios, lo verán en Su aspecto horroroso, pero aquellos que están consagrados a Él, lo verán en Su forma personal. Sea cual sea el caso, finalmente todo el mundo verá a Dios.

Una persona honesta, siempre puede ver a Krishna en todas partes. Krishna dice: "Trata de entenderme. Trata de verme en todas partes". A fin de facilitar este método, el Señor dice: *raso 'ham apsu kaunteya*, "Yo soy el sabor del agua". Cuando tenemos sed y necesitamos un vaso de agua, podemos beberla y sentirnos felices, entendiendo que la capacidad que tiene el agua de aplacar nuestra sed es Krishna. De igual manera, tan pronto como vemos la luz del Sol o de la Luna, podemos ver a Krishna, pues Él dice: *prabhāsmi śaśi-sūryayoḥ* "Yo soy el Sol y la Luna".

En una etapa más avanzada podemos ver a Krishna como la fuerza vital que se halla dentro de todo, tal como Él lo indica en *El Bhagavad-gītā* (7.9):

puṇyo gandhaḥ pṛthivyāṁ ca
tejaś cāsmi vibhāvasau
jivanaṁ sarva-bhūteṣu
tapaś cāsmi tapasviṣu

"Yo soy la fragancia original de la tierra, y Yo soy la luz del fuego. Yo soy la vida de todo lo que vive, y soy las penitencias de todos los ascetas".

Una vez que entendamos que todas las cosas dependen de Krishna para su existencia, no habrá ninguna posibilidad de que Él se nos pierda alguna vez. En *El Bhagavad-gītā* (7.6,7), el Señor indica que todas las cosas moran en Él tanto en su comienzo como en su final, así como también en el estado intermedio:

etad yonīni bhūtāni
sarvāṇīty upadhāraya
ahaṁ kṛtsnasya jagataḥ
prabhavaḥ pralayas thatā

mattaḥ parataraṁ nānyat
kiñcid asti dhanañjaya
mayi sarvam idaṁ protaṁ
sūtre maṇi-gaṇā iva

"De todo lo que es material y de todo lo que es espiritual en este mundo, sabed con toda certeza que Yo soy tanto su origen como su disolución. ¡Oh, conquistador de riquezas! [Arjuna], no hay ninguna verdad superior a Mí. Todo reposa en Mí como perlas ensartadas en un hilo".

Krishna es fácilmente visible, pero sólo para aquellos que están consagrados a Él. Para los envidiosos, necios o faltos de inteligencia, Él se opaca con Su velo de *māyā:*

nāhaṁ prakāśaḥ sarvasya
yoga-māyā-samāvṛtaḥ
mūḍho 'yaṁ nābhijānāti
loko mām ajam avyayam

"Yo nunca me manifiesto ante los necios y poco inteligentes. Para ellos estoy cubierto por Mi eterna potencia creadora [*māyā*]; así, el mundo engañado no Me conoce a Mi, el innaciente e infalible". (*Bg.* 7.25)

Esa eterna potencia creadora, o *yogamāyā*, que opaca a Krishna ante los faltos de inteligencia, se disuelve mediante el amor. Ése es el veredicto de *El Brahma-saṁhitā:*

premāñjana-cchurita-bhakti-vilocanena
santaḥ sadaiva hṛdayeṣu vilokayanti

"Aquel que ha desarrollado amor por Krishna, puede verlo dentro de su corazón las veinticuatro horas del día".

Un regalo de Krishna

Aquellos que de esa forma ven a Krishna, no se angustian, debido a que saben adónde irán en el momento de la muerte. Aquel que ha tomado el regalo de conciencia de Krishna, sabe que no tendrá que regresar a este mundo material a recibir otro cuerpo, sino que irá a donde se encuentra Krishna. No es posible ir a donde está Krishna, a menos que uno haya obtenido un cuerpo como el de Krishna, un cuerpo *sac-cid-ānanda-vigraha*, un cuerpo colmado de eternidad, conocimiento y bienaventuranza. Uno no puede entrar en el fuego sin perecer, a menos que se vuelva fuego y, de forma similar, uno no puede entrar en el ámbito espiritual con un cuerpo que no sea espiritual. Con un cuerpo espiritual, uno puede bailar con Krishna en el baile *rāsa*, como las *gopīs* y los pastorcillos de vacas. Ése no es un baile ordinario, sino el baile de la eternidad, en compañía de la Suprema Personalidad de Dios. Sólo aquellos que han llegado a purificar su amor por Krishna, pueden participar de ese baile. Por consiguiente, uno no debe tomar este proceso de conciencia de Krishna como una cosa barata, sino como un regalo incomparable que el propio Señor le ha conferido a la humanidad que sufre. Por el simple hecho de dedicarse a este proceso, todas las ansiedades y temores de la vida, que en realidad provienen del temor a la muerte, se disipan por completo.

El autor

Śrīla A.C. Bhaktivedanta Swami Prabhupāda apareció en este mundo en 1896, en Calcuta, India. Él conoció a su maestro espiritual Śrīla Bhaktisiddhānta Sarasvatī Goswāmī, en Calcuta en 1922. Srīla Bhaktisiddhānta Sarasvatī Goswāmī, el erudito y devoto más destacado de su época, había fundado el Gauḍīya Maṭha (un instituto védico con 74 centros en toda la India). A él le agradó este educado joven y lo convenció para que dedicara su vida a la enseñanza del conocimiento védico. Śrīla Prabhupāda se volvió su seguidor, y once años después, en 1933, en Allahabad se convirtió en su discípulo formalmente iniciado.

En su primer encuentro, en 1922, Śrīla Bhaktisiddhānta Sarasvatī Ṭhākura le pidió a Śrīla Prabhupāda que difundiera el conocimiento védico en el idioma inglés. En los años siguientes, Śrīla Prabhupāda escribió un comentario sobre *El Bhagavad-gītā*, el texto védico más importante, y ayudó a la Gauḍīya Maṭha en sus labores. En 1944, sin ninguna ayuda, él comenzó una revista quincenal en inglés llamada

Back to Godhead (Publicada en español como De Vuelta al Supremo). Él la redactaba y pasaba a máquina los manuscritos, revisaba las pruebas e incluso distribuía gratuitamente los ejemplares de la misma, y hacía grandes esfuerzos por mantener la publicación.

La Sociedad Gauḍīya Vaiṣṇava reconociendo la erudición filosófica y la devoción de Śrīla Prabhupāda, lo honró en 1947 con el tílulo de Bhaktivedanta. En 1950, a la edad de 54 años, Śrīla Prabhupāda se retiró de la vida familiar. Cuatro años después adoptó la vida de *vānaprastha* (de retiro), para consagrarle más tiempo a sus estudios y escritos, y poco después viajó a la sagrada ciudad de Vṛndāvana.

Allí vivió en un pequeño cuarto del histórico templo de Rādhā Dāmodara y durante varios años se dedicó a escribir y a estudiar profundamente. En 1959 adoptó la orden de la vida de renuncia (*sannyāsa*). En Rādhā Dāmodara, Śrīla Prabhupāda escribió Viaje Fácil a otros planetas, y comenzó la obra maestra de su vida: Una traducción y comentario de múltiples volúmenes de una obra de 18.000 versos llamada *Śrīmad-Bhāgavatam*, la crema de las escrituras védicas.

Después de publicar tres volúmenes de *El Bhāgavatam*, Śrīla Prabhupāda fue a los Estados Unidos en 1965, a cumplir con la misión dada por su maestro espiritual. Desde ese entonces escribió unos ochenta volúmenes de traducciones, comentarios y estudios resumidos autoritativos de las obras clásicas, filosóficas y religiosas de la India. Cuando Śrīla Prabhupāda arribó por vez primera a la ciudad de Nueva York, en un buque de carga, se encontraba prácticamente sin un centavo. Pero después de casi un año de grandes dificultades, fundó la Sociedad Internacional para la Conciencia de Kṛṣṇa, en julio de 1966. Hasta antes de su muy lamentable partida, acaecida el 14 de noviembre de 1977, él dirigió la Sociedad y la vio crecer y convertirse en una confederación mundial con más de 100 *āśramas*, escuelas, templos, institutos y comunidades agrícolas.

En 1975 se inauguró en Vṛndavana, India, el magnífico templo Kṛṣṇa-Balārama y la Casa Internacional de Huéspedes. En 1978 se inauguró en la playa Juhu, en Bombay, un complejo cultural de dos hectáreas formado por un templo, un moderno teatro, una casa de huéspedes y un restaurante vegetariano. Quizá el proyecto más osado de Śrīla Prabhupāda es una ciudad de 50.000 residentes, planeada para Māyāpur, Bengala Occidental. Śrīdhāma Māyāpur será un modelo ideal de una vida védica, que se menciona en los Vedas, y la cual tiene como objetivo satisfacer las necesidades materiales de la sociedad y brindarle la perfección espiritual. Śrīla Prabhupāda le dio además a occidente el sistema védico de educación primaria y secundaria. El *gurukula* ("la escuela del maestro espiritual") comenzó en 1972 y actualmente cuenta con cientos de estudiantes y muchos centros alrededor del mundo. Sin embargo, la contribución más significativa de Śrīla Prabhupāda la constituyen sus libros. La comunidad académica los respeta por su autoridad, profundidad y claridad, y los ha convertido en libros regulares de texto en numerosos cursos universitarios. Además, las traducciones de los libros de Śrīla Prabhupāda aparecen en más de 35 idiomas. El Bhaktivedanta Book Trust, establecido en 1972 principalmente para publicar sus obras, se ha convertido así en el mayor distribuidor de libros en el mundo entero, en el campo de la religión y la filosofía de la India. Uno de sus últimos proyectos fue la publicación y comentario de 17 volúmenes —que Śrīla Prabhupāda realizó en sólo 18 meses— acerca de la obra bengalí, religiosa y clásica, conocido como *Śrī Caitanya-caritāmṛta*. En sólo 12 años y a pesar de su avanzada edad, Śrīla Prabhupāda viajó alrededor del mundo 14 veces, en giras de conferencias que lo llevaron a los seis continentes. A pesar de su itinerario tan vigoroso, continuaba escribiendo prolíficamente. Sus escritos constituyen una biblioteca de la filosofía, la religión y la cultura védica.

Glosario

A

ācārya—maestro espiritual que enseña con su propio ejemplo, así como también con enseñanzas perfectas extraídas de las Escrituras.

Arjuna—uno de los cinco hermanos Pāṇḍava; fue él a quien Krishna le condujo su carruaje y a quien le habló *El Bhagavad-gītā*.

āśrama—se refiere a las cuatro órdenes espirituales de la vida: *brahmacarya-āśrama*, o vida de estudiante célibe; *gṛhastha-āśrama*, o vida de casado; *vānaprastha-āśrama*, o vida de retiro; y *sannyāsa-āśrama*, u orden de vida de renuncia.

B

Bhagavad-gītā, El—el libro que contiene las instrucciones dadas por el Señor Śrī Krishna a Su amigo Arjuna en el campo de batalla de Kurukṣetra.

bhakti-yoga—el sistema científico del cultivo del *bhakti*, o servicio devocional puro, que no está contaminado con la complacencia de los sentidos ni con la especulación filosófica.

Brahmā—la primera criatura viviente y el creador secundario del universo material. El Señor Krishna impartió el conocimiento védico en su corazón.

brahmacarya—vida de estudiante célibe, bajo el cuidado de un maestro espiritual fidedigno.

Brahman—(1) el alma espiritual infinitesimal; (2) el aspecto impersonal y omnipresente de Krishna; (3) la Suprema Personalidad de Dios; (4) la sustancia material total.

brāhmaṇa—la clase de hombres inteligentes, de acuerdo con el sistema de órdenes sociales y espirituales.

Brahma-saṁhitā, El—una descripción resumida de las glorias del Señor, que incluye las oraciones que le ofreció Brahmā.

C

Caitanya Mahāprabhu—la encarnación del Señor Krishna que descendió para enseñar el amor por Dios a través del movimiento de *saṇkīrtana*.

G

gopīs—pastorcillas de vacas, específicamente las amigas trascendentales del Señor Krishna que viven en Vṛndāvana.

Goswami—(*go*-sentidos; *swami*-amo) amo de los sentidos.

H

Haridāsa Ṭhākura—un gran devoto del Señor Caitanya Mahāprabhu, famoso por cantar trescientos mil nombres de Dios diariamente.

haṭha-yoga—la práctica de posturas y ejercicios de respiración para lograr el control de los sentidos y la purificación.

Hiraṇyakaśipu—un gran ateo que fue matado por el Señor Krishna en Su encarnación de Nṛsiṁhadeva. Tuvo un hijo, Prahlāda Mahārāja, que fue un gran devoto de Krishna.

J

jñāna—conocimiento. El *jñāna* material no vas más allá del cuerpo material. El *jñāna* trascendental discrimina entre la materia y el espíritu. El *jñāna* perfecto es el conocimiento del cuerpo, del alma y del Señor Supremo.

jñānī—aquel que trata de alcanzar al Absoluto Supremo mediante el cultivo del conocimiento empírico y especulativo.

K

karma—(1) acción material ejecutada de acuerdo con las regulaciones de las Escrituras; (2) acción concerniente al desarrollo del cuerpo material; (3) cualquier acción material que ha de traer una reacción subsecuente; (4) reacción material en que se incurre debido a las actividades fruitivas.

karmī—aquel que se satisface trabajando arduamente para la complacencia temporal de los sentidos.

Krishna—la Suprema Personalidad de Dios, la fuente de todo, el Brahman Supremo.

Krishnaloka—el planeta Supremo del mundo espiritual, Vaikuṇṭha.

kṣatriya—ocupación de administrador o de protector de los ciudadanos, de acuerdo con el sistema de las cuatro órdenes sociales y espirituales.

M

mahā-mantra—el gran canto para la liberación: Hare Krishna, Hare Krishna, Krishna Krishna, Hare Hare/ Hare Rāma, Hare Rāma, Rāma Rāma, Hare Hare.

mantra—sonido trascendental o himno védico.

māyā—ilusión; energía de Krishna que engaña a la entidad viviente, haciendo que se olvide del Señor Supremo.

māyāvādī—aquel que cree, en fin de cuentas, que Dios no tiene ni forma ni personalidad.

N

Nārada Muni—un devoto puro del Señor, que viaja través de los universos en su cuerpo eterno, glorificando el servicio devocional.

P

Prahlāda Mahārāja—un devoto del Señor que fue perseguido por su demoníaco padre (Hiraṇyakaśipu), pero que fue protegido y salvado por el Señor.

R

Rādhā (Rādhārāṇi)—la consorte eterna más íntima del Señor Krishna, personificación de Su potencia espiritual dadora de placer.

S

Śrīmad-Bhāgavatam, El—el "*Purāṇa* inmaculado" de Vyāsadeva, que trata exclusivamente del servicio devocional puro que se le presta al Señor Supremo.

V

Vaikuṇṭha—(literalmente: "sin ansiedad") los planetas eternos del cielo espiritual.

vaiṣṇava—un devoto de Señor Supremo, Vishnu, o Krishna.

Vasudeva—el padre del Señor Krishna.

Vedānta-sūtra, El—el resumen de la filosofía teísta de la literatura védica, escrito por Vyāsadeva en forma de códigos concisos.

Vedas—las cuatro Escrituras védicas (*Ṛg, Yayur, Sāma, y Atharva-veda*) y sus suplementos (*los Upaniṣads, los Purāṇas, El Mahābhārata, y El Vedānta-sūtra*).

Vishnu, el Señor—la primera expansión de Krishna, para la creación y mantenimiento de los universos materiales.

Vṛndāvana—el lugar donde se ejecutaron los trascendentales pasatiempos aldeanos de Krishna, exhibidos cuando Él estuvo en la tierra hace cinco mil años. Este lugar todavía existe, y se encuentra al norte de la India.

Y

yoga—el vincular la conciencia de la entidad viviente infinitesimal con la suprema entidad viviente, Krishna.

yogī—aquel que practica el *yoga*.

OTROS LIBROS

Los libros que se mencionan a continuación, son ideales para quienes se interesan en el yoga, la filosofía clásica de la India, la vida espiritual y la meditación. Son obras de Su Divina Gracia A.C Bhaktivedanta Swami Prabhupāda, quien es la máxima autoridad y principal exponente de estos temas en el mundo moderno.

EL BHAGAVAD - GĪTĀ
TAL COMO ES

Por miles de años esta gran obra ha atraído a los grandes pensadores de Oriente y Occidente, entre ellos Alejandro el Grande, Hegel, Thoreau, Einstein, Gandhi y Huxley. Las enseñanzas del Gita, las cuales se consideran las joyas de la sabiduría espiritual hindú, trascienden los límites del tiempo y lugar para distinguir los esfuerzos humanos más fundamentales en la comprensión de la identidad y la existencia.

VOLVER A NACER

La explicación más completa y fácil de comprender publicada hasta hoy acerca de la reencarnación.

La vida no comienza al nacer ni termina al morir. ¿qué es exactamente lo que acontece al Yo, tras abandonar su cuerpo actual? ¿Tendrá que seguir reencarnando eternamente? ¿Cómo ocurre realmente la reencarnación? ¿Podemos decidir nuestras futuras encarnaciones?

La Vida proviene de La Vida

Rāja-Vidyā, El Rey del Conocimiento

Meditación y Superconciencia

Viaje Fácil a Otros Planetas

La Perfección del Yoga

El Upadeśāmṛta, El Néctar de la Instrucción

El Śrī Īśopaniṣad, Secretos de Otros Tiempos

Fantasía Vegetariana

Preguntas Perfectas, Respuestas Perfectas

¡Adquiéralos en nuestras direcciones!

SOCIEDAD INTERNACIONAL
PARA LA CONCIENCIA DE KRISHNA

Dirigirse a:

O a las direcciones consignadas a continuación:

CENTROS DE HABLA HISPANA

ARGENTINA

Buenos Aires: ISKCON Argentina: Ciudad de La Paz 394, Colegiales/Palermo, Capital (1426). Tel: +54 (11) 4-555-5654. Email: iskconargentina@gmail.com - mahaharidas@yahoo.es

Buenos Aires: «Naturaleza Divina» (Restaurante, Boutique, Instituto y Centro de Yoga): Ciudad de La Paz 394, Colegiales/Palermo, Capital (1426). Tel: +54 (11) 4-555-5654. Email: nat.div@gmail.com

Buenos Aires: Restaurante «Krishna»: Malabia 1833, Capital. Tel: +54 (11) 4833-4618.

Córdoba: Nandagopal Das: Tel: +54 (351) 480-8692. E-mail: nandadas@yahoo.com

Córdoba: Flia. Sánchez: Tel: +54 (351) 481-7786. E-mail: paramakaruna@yahoo.com

Mendoza: Restaurante Vegetariano «Govinda». Av. San Martín 948, (5501). Godoy Cruz (frente Hospital Español). Tel: +54 (261) 424-3799. E-mail: interfe@yahoo.com.ar

Mendoza: Bhaktivedanta Book Trust Conosur: 20 de junio 1545, Godoy Cruz, (5501). Tel: +54 (261) 428 0246. E-mail: bbtargen@yahoo.com.ar

Mendoza: Pizzería Vegetariana «Gopal». Pedernera 873, San José-Guaymallén. Tel: +54 (261) 445 6993. E-mail: kesavarama@hotmail.com

Mendoza: Granja Nava Gundica Dham. Severo del Castillo 7736 y Callejón Romera 700 mts. al oeste. Los Corralitos, Guaymallén. Tel.: +54 (0261) 482 1203. Email: baladevabbs@hotmail.com

BOLIVIA

Cochabamba: Avenida Heroínas E-0435 Apt. 3. Casilla de correo 2070. Tel. +591 (42) 54346 - Fax +591 (411) 7775. E-mail: bbt@pino.cbb.entelnet.bo - BBTsquada@compuserve.com

La Paz: Pasaje Jáuregui, 2262 Sopocachi. Tel. +591 (02) 721945. Fax: +591 (02) 392710. E-mail: atma@datacom-bo.net
Santa Cruz: Calle 27 de Mayo No. 99 esq. Justo Bazán. Tel. & fax: +591 (03) 345189. E-mail: sistemas@mitai.nrs.bolnet.bo

COLOMBIA
Cali: Carrera 9, N°9-45 Col. Centro Santiago de Cali. Tel.: +57 02-8831906.

CHILE
Santiago: José Miguel Carrera 330 (Metro Los Héroes) - Santiago Centro. Teléfonos: +56 (2) 697 9264 - 699 0025. E-mail: contacto@iskcon.cl. www.iskcon.cl - www.harekrishna.cl

ECUADOR
Guayaquil: 6 de Marzo 226 y Víctor Manuel Rendón. Tel: +593 (4) 308412 ó 309420. E-mail: gurumanl@ecua.net.ec
Ayampe: Com. Rural «Nueva Mayapur» (contactar en Guayaquil).
Cuenca: Comunidad Rural «Giridharidesh», Chordeleg. Casilla Postal 01.05.1811.

EL SALVADOR
Santa Tecla, La Libertad: 8a Avenida Norte # 2-4. Tel. (503) 22882900.

ESPAÑA
Barcelona: Centro Cultural - Pça. Reial 12, entl. 2ª 08002 Barcelona. Tel: +34 933 025 194. E-mail: templobcn@gmail.com. Web: www.krishnabcn.com
Brihuega, Guadalajara: Nueva Vrajamandala - Finca Sta. Clara 19400 Brihuega, Guadalajara. Tel: +34 949 280 436.
Churriana, Málaga: Centro Cultural - Ctra. de Álora 3, int. 29140 Churriana, Málaga. Tel: +34 952 621 038. Web: www.harekrishnamalaga.com
Madrid: Centro Cultural - c/Espíritu Santo 19, bajo izq. 28004 Madrid. Tel: +34 915 213 096.

ESTADOS UNIDOS DE NORTEAMÉRICA
Los Ángeles, California: 3764 Watseka Ave., 90034 Los Ángeles. Tel: +1 (310) 836-2676.
Miami, Florida: 3220 Virginia St., 33133 Miami. Tel: +1 (305) 442-7218.
Nueva York, Nueva York: 305 Schermerhorn St., 11217 Brooklyn. Tel: +1 (718) 855-6714.

MÉXICO
Cuerámaro, Guanajuato: Bhaktivedanta Book Trust México. Prolongación Josefa Ortíz de Domínguez No. 407. Tel: +52 (429) 694 1147.

Guadalajara: Pedro Moreno 1791, Sector Juárez, Jalisco.

León, Guanajuato: Justo Sierra 343, Zona Centro C.P 37000.

México D.F.: Gob. Tiburcio Montiel 45, Colonia San Miguel, Chapultepec C.P. 11850. Tel: +52 (55) 5273-1953, 5272-5944. Web: www.krishnamexico.com

Monterrey: Información para conferencias y eventos: tel. +52 (88) 8340-5950.

Saltillo, Coahuila: Boulevar Saltillo 520, Colonia Buenos Aires. Tel: +52 (844) 417-8752.

Tulancingo, Hidalgo: Francisco Villa 25, Col. Huapalcalco. Tel: +52 (775) 753-4072.

PANAMÁ

Panamá City: Villa Zaita, Las Cumbres, Casa N° 10. Frente a INPSA. Tel: +507 231-6561. E-mail: iskconpa1@pa.inter.net

PARAGUAY

Asunción: Dr. Hassler 5660. Villa Morra. Tel: +595(21) 608-231. E-mail: johngilbakian@hotmail.com

PERÚ

Arequipa: Santa Catalina 120, Cercado. Tel: +51 (54) 256875. Cel.: 980170988.

Cuzco: Restaurante «Govinda». Sathy 584, Cusco. Tel: 084-790687/ 084-439298 / 084-221227.

Cuzco (Machupicchu): Restaurante «Govinda». Aguas Calientes. Tel: +51 (84) 685-899.

Chiclayo: Restaurante «Govinda». Calle Vicente de la Vega 982. Tel: +51 (74) 286159 - 223391. Cel.: 074 979509454.

Huánuco: Jr. General Prado 608. Tel.: +51 (62) 513868.

Lima: Pasaje Solea 101, Santa Maria-Chosica (Carretera Central Km. 32, frente a la curva que baja a La Cantuta). Tel: +51 (1) 360-0765/ 693-5041/ 360-0886

Lima: Avenida Garcilazo de la Vega 1670-1680. Tel: +51 (1) 4319920

Lima: Restaurante «Govinda». Schell 634, Miraflores. Tel: +51 (1) 4458487 - 4469147.

Puno: Restaurante «Govinda». Esq. Arequipa y Deustua. Tel: +51 (54) 365-800

URUGUAY

Montevideo: Centro de Bhakti-Yoga: Guayabo 1542, esq. Tacuarembó. Email: centro.bhakti.yoga@gmail.com. Web: www.rodcastro/centrobhaktiyoga.

VENEZUELA

Caracas: Avenida de los Próceres y Calle la Marquesa del Toro. Quinta Hare Krishna, San Bernardino. Tel.: +58 (212)55 01 818.

Una cordial invitación

Visite nuestros ***ashramas***
(comunidades espirituales)

Lo invitamos a conocer y participar de las actividades que realizan los integrantes de la Sociedad Internacional para la Conciencia de Krishna (ISKCON), en sus distintas sedes alrededor del mundo.

- Prácticas de bhakti-yoga (servicio devocional)
- Estudio de la filosofía de los Vedas
- Alimentación lacto-vegetariana
- Kirtanas, canto congregacional
- Música, mantras y meditación.

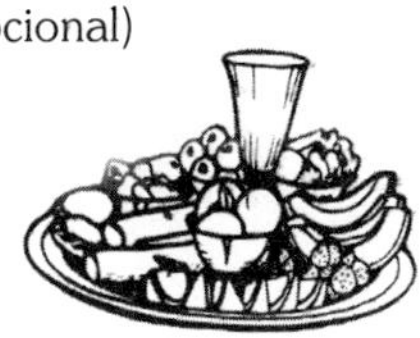

Todos los domingos charlas acerca del «Bhagavad-gītā tal como es», música devocional y un suntuoso banquete vegetariano totalmente gratuito... y usted está cordialmente invitado a venir a disfrutar con nosotros.

BHAKTIVEDANTA BOOK TRUST ARGENTINA
20 de junio 1545, Godoy Cruz, (5501). Mendoza, Argentina
Tel: +54 (261) 428 - 0246
E-mail: bbtargen@yahoo.com.ar